ヨーロッパ企画の本

我々、こういうものです。

ミシマ社編

ヨーロッパ企画の本

誰が、どう買うのだろう。

ヨーロッパ企画

はじめに

ヨーロッパ企画とミシマ社さんで交流会というか宴会をしている席で、三島さんから「今日は面白い誘いを持ってきたんですよ。一緒に本を作りませんか」と喜色満面で持ち掛けられたのが、この本のキックオフでした。本を作るときってこんなに楽しそうなものなのか、って思いながら二つ返事で乗っかりました。

僕はヨーロッパ企画という劇団を、大学入学からこっち、魔性のゲームに熱中し続けているような感覚で、ずっとやっています。なかなかこのゲームは遊びがいがあって、掘れば掘るだけあちこち深かったり、よもやなところに隠しシナリオも出てくる。なので18年間飽きずにずーっとプレイし続けているうちに、マップは奔放で野放図《のぼうず》で、縦横無尽なものになりました。

これをひとくちに説明しようとするとなかなかに厄介で、まずはコメディをやっている劇団であり、京都を拠点に活動するよろず企画集団であり、会社を営んでいながらサークルのようでもあり、現に大学生たちもよく出入りしているし、テレビ番組を作ることもあれば、地元の祭りにポップコーンの屋台を出すこともあって、アプリも作れば大学で教えもするし、個々人は作家業や役者業のみならず、ブックセンターや自称発明家、漫画を描いていたり何をしているのかわからない人だったりと、なんとも鵺《ぬえ》のようです。

そんな僕らのありようを、なるべくいろんな方向からセルフポートレートしたのがこの本です。自撮りでは腕の長さが少し足りないところを、ミシマ社の三島さんと新居さんが絶妙な角度からシャッターを切ってくださいました。さらにはゆかりのある方々にご登場いただいたり、ご寄稿を賜《たまわ》ったりも。チャーミングな、時折セクシーな表情がたくさん切り取れたかなと思います。余すところなくご覧ください、我々、こういうものです。

上田誠

俳優のメンバーたち

Members

角田貴志（すみた・たかし）▶

役者であり、絵やイラストをたくさん描いている。「煙どろん」という漫画家としてのペンネームを持っている。

▲石田剛太（いしだ・ごうた）

役者であり、司会やラジオパーソナリティもよくやる。洒脱な恋愛観を持っており、恋愛ラジオドラマを手がけたりも。

◀酒井善史（さかい・よしふみ）

役者でありながら工作が得意。発明したりロボットを作ったり。舞台美術や、ヒーローショーの脚本もやったりと忙しい。

土佐和成（とさ・かずなり）▶

役者であり、内外のいろんな作品にアクティブに出演。ウェブラジオ「週刊！ヨーロッパ2」のパーソナリティ。

諏訪雅（すわ・まさし）▶

役者であり、ヨーロッパ企画の発起人。パンフレット編集や映像・舞台など、いろんなモノを作り、企画する。

◀永野宗典（ながの・むねのり）

役者であり、映像の脚本や監督も務める。「永野宗典不条理劇場」を主宰したりと、不条理好き。

▲西村直子（にしむら・なおこ）

役者であり、Flash アニメや各種グッズを手がけたりも。「西村ブックセンター」なる不定期の本屋さんの店長。

中川晴樹（なかがわ・はるき）▲

役者であり、最近はショートムービーを撮るようにもなった。「運の悪さ」がよく話題になり、心配されたりいじられる。

本多力（ほんだ・ちから）▼

役者であり、客演やドラマ・映画への出演も多い。独特の風貌と佇まいで、酔っぱらうとこれがさらに赤黒くなる。

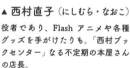

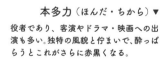

作家・制作・運営

山口淳太（やまぐち・じゅんた）
映像スタッフ。ディレクターや監督をすることも多い。本広克行監督に憧れて入団し、ちゃっかり出会いを果たした。

▲上田誠（うえだ・まこと）
劇団代表であり、本公演の脚本・演出を務める。「企画性」に目がない。ゲームとお笑いで育った。

宇高早紀子（うたか・さきこ）
ウェブスタッフであり、オンラインショップの担当。DVDを作るときは、柔らかく厳しく映像スタッフたちのお尻を叩く。

大見康裕（おおみ・やすひろ）
映像スタッフであり、VFXやCGを得意とする。外部でも映像作家として、舞台やテレビ、PVなどで活躍。

ヨーロッパ企画

大歳倫弘（おおとし・ともひろ）
作家であり演出家。映像作品の脚本も多い。「イエティ」というユニットを主宰し、公演を重ねている。

吉田和睦（よしだ・かずちか）
ヨーロッパ企画のプロデューサーであり社長。メンバーの作品作りや活動を日々マネジメントしている。

西垣匡基（にしがき・まさき）
テレビ番組「ヨーロッパ企画の暗い旅」のディレクター。役者もちょこちょこしており、実はすごく出たそうという噂。

Europe Kikaku

井神拓也（いがみ・たくや）
制作スタッフ。本公演では十都市ものツアーを回す。猫が好きで、猫ひろしさんが観に来られたときにさえ高揚していた。

黒木正浩（くろき・まさひろ）
ヨーロッパ企画内に「黒木組」を設立し、映画や舞台を手がける。独自のワールドと人脈を持つ、謎に包まれた男。

杉浦訓大（すぎうら・くにひろ）
名古屋からハイタウンを観にふらっとやってきて、そのまま演出部のスタッフに。大人しいのにファッションや食生活が奇抜。

ほか、いろんな人たちが出入りしてヨーロッパ企画ができています。

『ヨーロッパ企画の本　我々、こういうものです。』目次

ヨーロッパ企画

（京都を拠点に活動している劇団であり、企画集団。旗揚げは1998年。一貫してコメディを上演し続けている。舞台のほかにも映像やイベント、その他活動は多岐にわたる。表方と裏方がシームレスで、けっこう何でも作ってしまうのが特徴。）

舞台 [Stage]

ヨーロッパ企画は劇団なので、やっぱり舞台が活動のベース。年に約一回の本公演では、メンバーみんなで京都で稽古し、それを数カ月かけていろんな都市をツアーして回る。他には企画公演をやったり、オファーを受けて劇や短編を作ることも。

メンバー [Member]

時には個人個人で動いたり、外部作品に参加するような時期もある。メンバーやスタッフの持ち味は様々で、もちろん役者や作家でありながら、ラジオでしゃべったり、工作したり、絵を描いたり雲を消したりと、バラエティ豊か。これらが組み合わさって、思いがけない企画が生まれることも。

映像 [Movie]

劇団でありつつ、映像作品を作ることも多い。メンバーそれぞれが脚本・監督をして、お互いに出演もしあうスタイル。最初は自主映画イベントから始まったのが、徐々にやれることが増え、オファーを受けてPVやドラマを作ったり、テレビ番組を作ったりも。作風も、コメディドラマからドキュメンタリー、ペープサートアニメまでいろいろ。

京都 [Kyoto]

同志社大学の演劇サークルで結成以来、京都にずっと拠点を置く。京都をホームでありファームのような場所と考え、プロトタイプ的な作品や企画は、まず京都でやってみることが多い。カウントダウンイベントや、フェス「ハイタウン」などの恒例行事も京都でやる。

の活動MAP

Europe Kikaku Activity Map

1

劇団のはなし

劇団について書いていきます。

上田誠

改めましてどうもこんにちは。京都で「ヨーロッパ企画」という劇団をやっている上田誠と申します。作家と演出家、そして劇団代表というポジションです。とはいえ役者はやっておらず、メンバーの集合写真に映るかどうかはいつも悩みどころです。まあ役者もスタッフもみんな合わせてヨーロッパ企画です、というような集団性ですが。

この「演劇と氷山」では劇団のことを書いていこうと思います。演劇って「作品」のことや「作家」「演出家」については語られるし、「役者」についても語られはするけど「劇団」のことってあまり語られない気がしてまして。「作劇術」「演出術」「役者術」の本はあっても「劇団術」の本は見かけません。語法が違うとでも言いましょうか、急にリアルな話が多くなるといいますか。理念の話よりも現実的なことの集積がつまりは「劇団をやる」ということなので、そんな台所事情みたいな話をあんまりするのもね、ということなのかもしれません。

とくに最近では劇団も減ってきてまして（と、これは僕の感覚かもしれませんが）、どちらかというと「プロデュース公演」と呼ばれるスタイルのほうが隆盛な感じです。プロデューサーの指揮のもと、演出家や役者やスタッフが「その公演のために」集まって、劇を作って公演して、終わったら解散する、っていう一期一会《いちごいちえ》のやり方ですね。商業演劇でもそうだし、小劇場でもこういう「劇団を持たずに、そのつど人を集める」やり方が目立ってきている気がします。劇団であっても、二～三人というコンパクトなサイズだったり。そのほうが身軽にやれるし、作品に合わせたキャストやスタッフを集められたり、集団の継続的な運営をあまり考えなくてよかったり、メリットも多いのでそうなってきてるんでしょうが。

僕も外部ではプロデュース公演に呼ばれて演出もしますが、主には自分の劇団で作・演出をします。ヨーロッパ企画は役者が九人、スタッフも合わせるとその倍ほど、というそれなりのサイズでして（もっと大きな劇団もありますが）、なので相応に苦労もあり、公演や作品性の前にまず「運営」のことを考えないといけないような局面が多々あります。経営のことやモチベーションのこと、人間関係の煮詰まり、空気を入れ換えようにも顔ぶれは決まっていて、公演によその役者さんを客演でお呼びする余地もそんなにはありません。作品的にも、同じメンバーで何度も劇を作るというのはそこそこの枷《かせ》だし、お客さんに対しても同じ顔ぶれで飽きられないように手を変え品を変えやりつつ、まだ見ぬお客さんと新たに出会う努力だってしなくてはなりません。長くやっていれば時代の潮目だって変わるので、それも睨《にら》みつつやらないと流れが淀《よど》んで立ち行かなくなったり。

そんなふうに、「崇高な芸術的理念」みたいなこととは一見ほど遠い、そこには現場的なあれこれが絶えず横たわっていて、それらを除《よ》け除け劇を作り続ける、ということを宿命づけられているのが劇団です。除け除けというか、向き合ったり機嫌をとったり、ときには利用しながら作品を作る感じですね。そして裏を返せばそれこそが劇を作る醍醐味《だいごみ》だとも思っていて、僕はそうやって現場の事情を取り込みながら作品を作るということがそもそも嫌いではないし、演劇自体が生身の体の上にファンタジーを立ち上げるものだって思っているし、劇団はまさにそういう「白いキャンバスではない、ごつごつした壁面や岩肌に絵を描く面白味」みたいなことがいつも味わえて、それにストレスを感じずに面白がれるかどうかが、劇団をやるやらないの分水嶺《ぶんすいれい》なのかも、と今思いました。僕はそう、好きなんですよねやっぱり。

バンド。バンドの感じに似ていると思います。オーケストラの演奏者とかスタジオミュージシャンって徹底的にうまいその道のプロみたいなイメージがありますが、そうではない、たまたまウマが合った、あるいは家が近かった仲間で集まって、初めて音を出したときは興奮するものの、そのあと技術の壁みたいなことにぶつかったり音楽性の違いが出てきたり、徹底的にうまい人たちに打ちのめされたりして「なんでうちのバンドはこんななんだろう」ってお互い思いあったりしながらも、まあこの顔ぶれで始めたことだしな、って渋々やっているうちにいつしかそのバンドにしか出せない固有のグルーヴが知らず知らず出ている、みたいなことが、僕が思っているバンドの歩みのある望ましいイメージなんですが、劇団もそれに近いです。そして僕はやっぱりバンドも好きで、バンドから出る「事情にまみれたサウンド」のようなものが好きなんです。長年続けているバンドは短所を補いあったり長所にすり替えていたりとかね。

思わずバンドの話になりましたが、それでいうと僕らはバンドを始めて十八年、みたいな劇団かもしれません。学生の頃「ヨーロッパ企画」を旗揚げしてからもう十八年になるんです。そして自らをバンドになぞらえるなどという厚かましいことをしましたが、バンドほど劇団ってシュッとはしてませんし（まず人数が多い）、もっと泥臭いですけどその分やれることだって多いぞ、っていうのが劇団のいいところだと思っています。そんな「劇団」にまつわるあれこれを、ここでは書いていけたらと思っています。どうぞよろしくお願いします。

鼎談！ 誕生秘話（一九九六～九八年）

諏訪雅、永野宗典、上田誠

十八年前、諏訪雅、永野宗典、上田誠の三人によって旗揚げされたヨーロッパ企画。当時、「同志社小劇場」という伝統ある学生劇団に所属していた三人が、なぜ「ヨーロッパ企画」を立ち上げることになったのか？ 封印されてきた「裏歴史」を初公開！

本公演をやらないで「裏」ばかり

上田　まず僕ら三人の出会いを辿《たど》っていきたいんですが、僕が同志社大学に入学する前年に、諏訪さんの後輩として永野さんが「同志社小劇場（通称：小劇）」に入団してるんですよね。実は僕、二人の出会いについては聞いたことがなかったんです。どういう出会いだったんですか？

諏訪　僕はあんまり記憶にないなぁ……。

永野　僕は浪人時代（一九九六年）に同志社大学に下見に行ったことがあって、そのときに諏訪さんが出演していた小劇の舞台を見たのは覚えてますよ。当時から劇団員を志していたので、入学後に入るであろうサークルの舞台を見ておこうと思ったんです。

諏訪　それ、たぶん初舞台やね。葬式をラップでやる坊さんの役で出てたはず。永野くんが入学した四月くらい（一九九七年）からはもう舞台に立たなくなってたから、あんまり記憶にないんだよね。その頃から小劇の「本公演」じゃなくて、裏面の「プロデュース公演」ばっかりやってたから、それもあるかな。

永野　たぶん僕、入学して早々に交通事故で入院してたんで、そのせいでそもそも会えてないんだと思います。

諏訪　あー！　そんなことあったな（笑）。

永野　あと、諏訪さんに八月のプロデュース公演に誘ってもらったんですけど、公演日がお盆まっ盛りだったので僕は「実家の宮崎に帰るんで」と断っちゃったんですよ。

諏訪　そうだっけ（笑）。じゃあ、そのときすでに目をつけてたのかもね。

永野　いや、その時点ではまだ演じてる姿を見せてないんで、それはないと思います（笑）。

上田　僕は当時高校生で、その諏訪さんのプロデュース公演を観に行ったんですよ。たしか鴻《こう》上尚史《かみしょうじ》さんの『ハッシャ・バイ』でしたよね。

諏訪　そうそう！　お客さんが十三人とかの回で。しかもお盆でホールの冷房を止められちゃったんだよね。ライバルだった別の公演の人たちのいやがらせじゃないかって思ってたけど（笑）。

諏訪、上田にゴシップを吹き込む

上田　僕が諏訪さんに出会ったのは、入学してすぐ（一九九八年）に小劇の四月公演を観に行ったときでした。すごく面白い劇だったんで、さっそく千秋楽のお手伝いに行ったら、受付係に諏訪さんがいたんです。公演が終わるまでの間、受付で劇団内での人間関係のゴシップをめちゃくちゃ教えてくれて、「なんなんだ、この人は」と思いました（笑）。当時もう諏訪さんはすっかり斜に構えた立ち位置にいて。でも学部が一緒の工学部だったり、サークルボックスも一緒で仲良くなったんですよね。

諏訪　京田辺の校舎にサークルボックスがあって、昼休みとかにみんなで集まってたな。

上田　それで諏訪さんと仲良くなって、慕っていくうちに、僕も本公演からは遠ざかるようになっちゃったんですよ。一回生なのに（笑）。永野さんは小劇の中でも一匹狼的な立ち位置でしたよね。

永野　公演には出てたし、小劇のメインの人たちとお芝居することもあったんだけど、合宿とか飲み会には行ってなかったなぁ。当時は苦学生で、新聞配達のバイトをしてたからなぁ。

上田　永野さんは骨折を引きずってたり、バイトしたりで小劇に溶けこめてはいなかったのに、公演に出れば主役級みたいな感じで。当時からすごく達者でしたよね。

永野　いやー、とにかくアツい奴だったんだよね（笑）。

諏訪　そういえばヨーロッパ企画の第一回公演のとき、よく泊まりで永野くんの家に行って、夜通し練習したよね。永野くんはそのまま早朝の新聞配達に行って、その間に僕は寝て、永野くんが帰ってきたら起きてまた練習する（笑）。

永野　僕は一切休めないシステムになってましたよね（笑）。

「チラシを二万枚撒こう！」

諏訪　その頃は僕も奈良でバイトをやってて、それに上田くんを誘って、出勤する前日によく永野くんの家に泊めてもらってた。

永野　そういえば、よく二人でバイトしてましたね。

上田　その頃諏訪さん、小劇内で半分幽霊部員みたいな感じでしたよね。サークルボックスにはよくいて、僕と一緒に遊んだりするけど、とくにお芝居はしてなかったですもんね。あのときすでに小劇の人たちとは方向性が違うな、ってなってたんですか？（笑）

諏訪　小劇の人たちは情熱はあったけど、どうもソリが合わない部分があって（笑）。例の夏のプロデュース公演で、自分の気が合うメンバーだけでやることにして、永野くんも誘ったんだよ。本公演の「出演したいと言った人は全員出さないといけない」システムが性に合わなくて。それからは、好きなメンバーでやれるプロデュース公演にしか興味がなくなって。

上田　諏訪さんが三回生で、引退が近づいてきた夏休み明けくらいに諏訪さんから「学園祭で永野くんと二人芝居をしたい」という電話がかかってきて、僕に脚本・演出を依頼してくれたんですよね。それで僕から永野さんに「諏訪さんが永野さんと二人芝居をしたいらしいですよ」と伝えたら「ぜひ、やりましょう」とすぐ返答されて、この三人でやることになったのが、「ヨーロッパ企画」の第一回公演でしたね。

永野　諏訪さんとほとんどしゃべったことなかったからびっくりしたけど（笑）。

諏訪　第一回公演は『ところで、君はＵＦＯを見たか？』。このときは演劇の中身より「どんなタイトルでどんなチラシを配れば集客できるか」ばかり考えてて。ここからすでにタイトルを決めてから内容を作っていくスタイルができあがってたよね。

上田　そうでしたね。タイトル会議をしてるときに、遠藤賢司さんの曲の歌詞の一節「ところで君はＵＦＯを見たか」という言葉を使おうという話になって。

諏訪　タイトルしか決まってないのに「これや！」となった（笑）。一般の人に来てもらいたい気持ちが強かったから、タイトルにこだわってたんだよね。当時の同志社小劇の平均集客数って三百人くらいで、人気があった劇団衛星で五百～六百人くらい。だからチラシを配りまくってちゃんと宣伝すれば、五百人くらいは来るんじゃないかと思って。

上田　どこの劇団も配布するチラシの枚数って八千枚くらいなのに、諏訪さんの「二万枚撒《ま》こう」という言葉で、二万枚配布することになったんですよ。

諏訪　お金ないからわら半紙にコピーして、学校じゅうを埋め尽くすくらいの勢いで貼り回ったのを覚えてる（笑）。

観客一人からの大成功体験

上田　でも結局、フタを開けてみたら、公演初日の来場者が一人だけだったんですよね。慌てて学園祭に来てる人とかに声をかけて十人くらいかき集めたものの、そこからも待てど暮らせど人が来ず、十何人とかが続いて……あれはけっこう落ち込みましたね。

永野　「とりあえず最終日までがんばろう」と気を取り直したものの千秋楽までずっとそのペースで、もうダメかと思ったら、千秋楽に百人くらいお客さんが来てくれたんだよね。千秋楽の日が週末だったからそれも大きいんでしょうけど、やっぱり評判よかったんだろうなと。

上田　ずっと十人台の集客だったのが、最終日に百人近く人が来たので、その差に喜びを隠せなくて、完全に「成功体験」としてインプットされちゃいましたね（笑）。実際にはトータルで二百人弱くらいしか来てなかったんですけど。

諏訪　でも、その千秋楽の舞台で「笑い声」が聞こえるというのが、今まで体験したことなかったから、すごく嬉しかったね。

永野　学生劇団でちゃんと笑いを取るっていうのはなかなかできないですからね。関係者がちょっと笑うくらいはあるんですけど、このときは一般客の人が笑ってくれた。しかも笑いと拍手まで起きましたもんね。「拍手笑い」って、プロの芝居でもなかなか起こらないですから。それをいきなり体験してしまった（笑）。

諏訪　「そんなことが起きるんや！」というのが忘れられへんかったなぁ……。そこから演劇を続けられたのは、その感動があったからかもしれないね。

上田　本当に旗揚げにふさわしいドラマチックな公演でしたね。

「ヨーロッパ企画」という名前

上田誠

「ヨーロッパ企画」という名前の由来を聞かれることがよくあります。もちろん引っ掛かりを狙って付けた名前なので、気にしてもらえるのは嬉しいことです。言ってしまうと響きで付けた名前なんですが、僕らは今でもこの名前に導かれて活動しているなあ、とよく思うので、劇団名について書いてみようと思います。

付けたのは一九九九年の年明けでした。僕らは当時「同志社小劇場」という学生劇団にいて、そこの劇団内ユニットとして前年秋に初めて公演を打ち、ただならぬ手ごたえを感じて「これはぜひ活動を続けよう、なんなら劇団にしよう」と言い出した、もっとも希望に満ち、初期衝動に火照《ほて》っていた頃でした。一回目の時点ではまだ名前がなかったんですね。それを第一回ということにして、第二回もまたやろうよという段になり、バーミヤンに集まって劇団名を決める会議をしたんでした。当時は「猫」の付く劇団名が多く、ならば僕らは「犬」を付けようか、みたいな安直なところから始まったと思います。そうして「犬」の付く冴えない造語をポツポツと言いあっているうちに、諏訪さんからポロッと出たのが「犬ヨーロッパ」でした。

「ヨーロッパ、いいですよねえ」「『ヨ』も『ロ』も『パ』も、気が抜けてる感じで」「僕らに何にも似つかわしくないのがいいですね」「カタカナですよねやっぱり」「ああ、ヨーロッパいいなあ」「犬いらなくて、ヨーロッパでいいんじゃないですか」みたいにして、前提の「犬」があっさりいなくなるほどの好評を博し、晴れて「劇団ヨーロッパ」という名前にその場では決まりました。が、後日冷静になってみると、劇団内で劇団を作るというのはちと剣呑《けんのん》ではないか、というセンサーが狡猾《こうかつ》にも働き（学生劇団ってわりとそういうことにセンシティブなんです）、「もうちょっと小ぢんまりした装いでいきましょうか」と自粛を込めて付け直したのが「ヨーロッパ企画」でした。僕らがやることはあくまで一回性の「企画」であり劇団ではないですよ、というメッセージを纏《まと》ったんですね。結局はそれでも剣呑になったんですが。

そうして付けた「ヨーロッパ企画」が今でも屋号であり続けていて、十八年経った今も気に入っているし使い減りしている感じもないのは、当時の僕たちに喝采《かっさい》を送りたい気分です。「こんな名前の劇団があったらさぞ素敵だろうし面白い劇をすることだろう」と当時の僕らなりに知恵とセンスを絞って付けたのが「ヨーロッパ企画」で、今でもその名前は僕らよりちょっと先にあって、その名前に追いつくべく邁進《まいしん》しているような感じです。ちなみにこういう名前の付け方は本公演のタイトルでも同じで、「こんな劇があったらさぞ面白そうだし想像もつかないぞ」というタイトルを先に付けて、そのタイトルに追いつく中身を後から考える、というスリリングなやり方で作ってます。

いちど十年以上も前ですが、ある演劇評論家の方から「続けていくならヨーロッパ企画という名前は変えたほうがいいかもしれないよ。海外に行くとわけがわからなくなるから」とアドバイスをもらってギクッとしました。そんなこと考えたこともなかったからです。僕は海外に疎《うと》く、ヨーロッパ企画という名前ももちろん日本のお客さんを目がけて付けたもので、どこもヨーロッパじゃない人たちが「ヨーロッパ」を堂々と名乗っているふてぶてしさといいますか、そもそも「ヨーロッパ」というカタカナ表記自体がいかにも日本的で愛おしいし（僕はだからカタカナの言葉が好きで、公演タイトルにもよく付けます）、そんな矛盾を孕《はら》んだ劇団名がコメディをやるのにもってこいだぞ、と思って名付けました。

つまりハナから射程は日本語圏内にしかなかったわけで、それが劇団名に端なくも現れていたわけです。もちろん日本語でコメディをやると決めた以上、言葉の壁はいかんともしがたいものがあるので、いずれにせよその射程はやむなしだったんですが。そしてその方が予見された通りというか心配以前にといいますか、僕らは海外公演とはいまだに縁がありません。別に劇団名のせいではないと思うけど、もしかすると名前の呪いかなあ、とも少し思います。劇団名って志向性を持つと同時に、表現の射程を規定しもするんだなあ、と。考えてみれば世にはいろんな劇団名があって、アナーキーな劇団名、パロディックな劇団名、ある世代に強く響く劇団名、それらは自らにかけた「呪い」と引き換えに熱狂を獲得しているとも言えますね。「こんな劇団名じゃ不自由するだろうなあ」みたいな劇団名や芸名ってすごくグッときますからね。自分ではなかなかできませんけど。

「ヨーロッパ」の作用はそんなふうですが、「企画」のほうは、ある種消極的に付けた二文字にもかかわらず、これが思いのほかよく働いてくれてます。僕らは演劇をやりながら、イベントやテレビやラジオ、映像を作ったりDVDやパンフを自作したり、地元の祭りから企業の仕事までをよろず守備範囲としてますが、それってきっと「企画」の二文字がそうさせたことです。「劇団◯◯」だともう少し節操ある活動ぶりだった気がしますが、「◯◯企画」ってカジュアルだしちょっといかがわしさもありますからね。そうして舞い込んだジャンルレスな仕事たちが、ゆくゆく劇へとフィードバックされて、異分野をあれこれ消化した未踏のコメディが作れたらいいな、と夢見ています。あと「企画」という言葉は最近ことさら好きになってきていて、今では「企画性コメディ」と呼ばれるシリーズを連続上演するほどに「企画」という言葉に寄りかかっています。

そんな「ヨーロッパ企画」という名前に導かれし我々です。劇団名は呪いでもあり祈りでもあるなあ、と。劇団なんてもう劇団名がすべて、とさえ言えるし、これからもヨーロッパ企画の名前に追いつくような活動をしてゆく所存です。犬には今や足を向けて寝られません。

鼎談！誕生秘話（九九年）

諏訪雅
永野宗典
上田誠

三人で旗揚げした「ヨーロッパ企画」。そのほのぼのとした名前とは裏腹に、草創期には意外にもきな臭い歴史が……！

ボイコット！

諏訪　旗揚げのあとが、「幻の第二回公演」やな。

永野　もう言ってしまいますと、同志社小劇場の卒業公演の枠を僕らがボイコットしたんですよね。

上田　いやあ、大反省ですよ。最初はみんなで参加しようって言ってたんですよね。だけど演目が、僕らが慕ってた先輩の台本に決まらなさそうで……。

諏訪　ちょっとその経緯に納得できないところも当時はあったのよね。

上田　で、しかも同時期に別のプロデュース公演も予定されてて、劇団員がごっそりそっちに流れてしまったり、小劇全体がかなりぐらぐらしてた時期だったんですよ。

諏訪　なんかバラバラでね。慕ってた先輩が「こんな感じで卒業するのはつまらんな」って言ってたのが引っかかってて。

上田　で、なんとなく「僕、参加するの辞めよっかな」「僕も……」みたいに後輩たちがパラパラ言い出して。もしかするとそれが、卒業公演がやれなくなる引き金になっちゃうかも、みたいには思いつつ、まあこの感じで参加するのもなあ、と。

永野　で、そのときになぜか「幻の第二回公演」が……（笑）。

上田　そうなんです、「これでもしホールに空きができたら、そこでヨーロッパ企画が……」という、あらぬ妄想を抱いてしまったんです。

永野　先走っちゃいかんよね。

諏訪　やることとなくてコタツで話しているうちに、えらい盛り上がってね。そのうちに、慕っていた先輩も、こっちに出たがってくれて……（笑）。

上田　その先走りというか悪巧みがバレてしまって、そこからはもう……。まあ僕らが悪巧みしなければ問題なく進んだかといえばそうでもなくて、グラグラのジェンガの止めの一本を抜いてしまった感じでしたね。それまでは目立った対立もなく、小劇と持ちつ持たれつの関係を保ってきただけに致命的な事件でしたね。

諏訪　結局だから、そのときは卒業公演も僕らの公演も、どっちもやってない。

永野　それ以降、小劇のルールが改正され

ちゃいましたよね……。公演に際しての規約がかなりややこしくなってしまって。ヨーロッパ企画ができて以降「二度とこんなことがあってはならない」と判断されたんでしょうね。

諏訪　いけない先輩として語り継がれることになったんやね。というか永野くんはその当時は小劇の座長やってたんだっけ？

永野　はい、そうですね。だから完全に板挟みで（笑）。

上田　座長のときの話が一番面白いかもしれないですね。

諏訪　大変やったと思うわ（笑）。だって小劇の座長が参加してるユニットのメンバーが小劇を潰そうとしてるんやもんね。

永野　完全にフリーズしてましたね。周りには「ぼくも巻き込まれてるんだよぉ〜」とか言いながらも「卒業公演は今の状態でやってもどうかと僕は座長として思うよ」とか言って、いろんな顔を使ってました。そんな中でも、どうにかヨーロッパ企画の第二回公演は実現させようと思って動いていたんですけど。

諏訪　やりたかったけど、正義はなかったからね。

上田　できるわけないですよね。「あれ？　こいつら卒業公演なくなるタイミング見計らってない？」と察せられてしまったんですよね。

諏訪　まぁ、あれは僕らが悪かったね（笑）。

インテリやくざと、消された座長

上田　そこからしばらく、針のむしろみたいになってしまって……。でも僕らは永野さんの立場をかなり楽しんでましたよね（笑）。よくヨーロッパ企画の進退のことで、小劇内で議論になったりしてたんですけど、僕たちは会議に出られないから、諏訪さんと僕で、小劇の座長である永野さんに言いたいことを全部吹き込んで、会議で話してもらうという。

永野　諏訪さんと上田くんと、当時はその慕ってた先輩もいたんですけど、三人とも策略家で、本当にインテリヤクザみたいでしたね。

諏訪　ジャイアンみたいな感じやったもんな。

上田　そんな話し合いが長らく続いて、結局一年後に独立することになって。そのときに、僕らの名前が小劇の名簿から抹消されてしまいました。だからOB会とか同窓会からの連絡が一切こないんですよ。

諏訪　あ！　連絡ないなと思ってたらそういうことやったんか！

永野　僕にも連絡きてないですね。

上田　永野さん、元座長なのに名簿から抹消されて、同窓会呼ばれてないってやばいですよね（笑）。

永野　抹消される座長もなかなかいないからね。いなかったことにされてますから（笑）。

いや、もうやめよっか

上田　とはいえ、「幻の第二回公演」から都合一年間は小劇をやりながらヨーロッパ企画をやってましたよね。石田くんも酒井くんも両方やってた。で、そのうちだんだん独立したほうがいいんじゃないかと

いう話になってきて。

永野　最初、ヨーロッパ企画内での話し合いでは「小劇を母体にしてやっていきたい」というふうにまとまってたんだよね。

上田　そのほうが場所も機材もあるし、人のツテもあるし、けっきょく居心地がいいので、小劇を抜けて活動するっていう剣呑な感じじゃなくて、「折り合いをつけてやっていこう」という方向で意見が固まりつつあって。でも結成から一年ちょっと経った第四回公演ぐらいのタイミングで「いや、もう辞めよっか」という話になったんですよ。

永野　結局、独立してやることになっちゃった（笑）。

上田　まあ潮時かなと。そしてその後日、小劇の人たちとの話し合いの席で、新座長から「ヨーロッパ企画の活動ペースをもうちょっと落とすなりして、その代わり小劇の公演のほうをもうちょっとちゃんとやって、みんなを導いてくれるとありがたいんだけど」と言われたとき、酒井くんが「ええ、僕らももちろん、小劇のことも考えてるので……」と、折り合い路線でまとめだしちゃったんですよ。「ああ、しまった。伝わってなかった」と（笑）。酒井くんだけ、事前の打ち合わせのときに先に帰っちゃってたんですよ。

永野　はははは！「やめる路線」で進めることがまったくわかってなかったんだね（笑）。

上田　だから酒井くんがしゃべり終わった直後に、石田くんが「まぁでも、僕らやめますけどね」と正反対のことを言って（笑）。そしたら途端に酒井くんも「あっ！　じゃあ僕もやめます！」って言って、同志社小劇場からの独立を果たしたんでした。

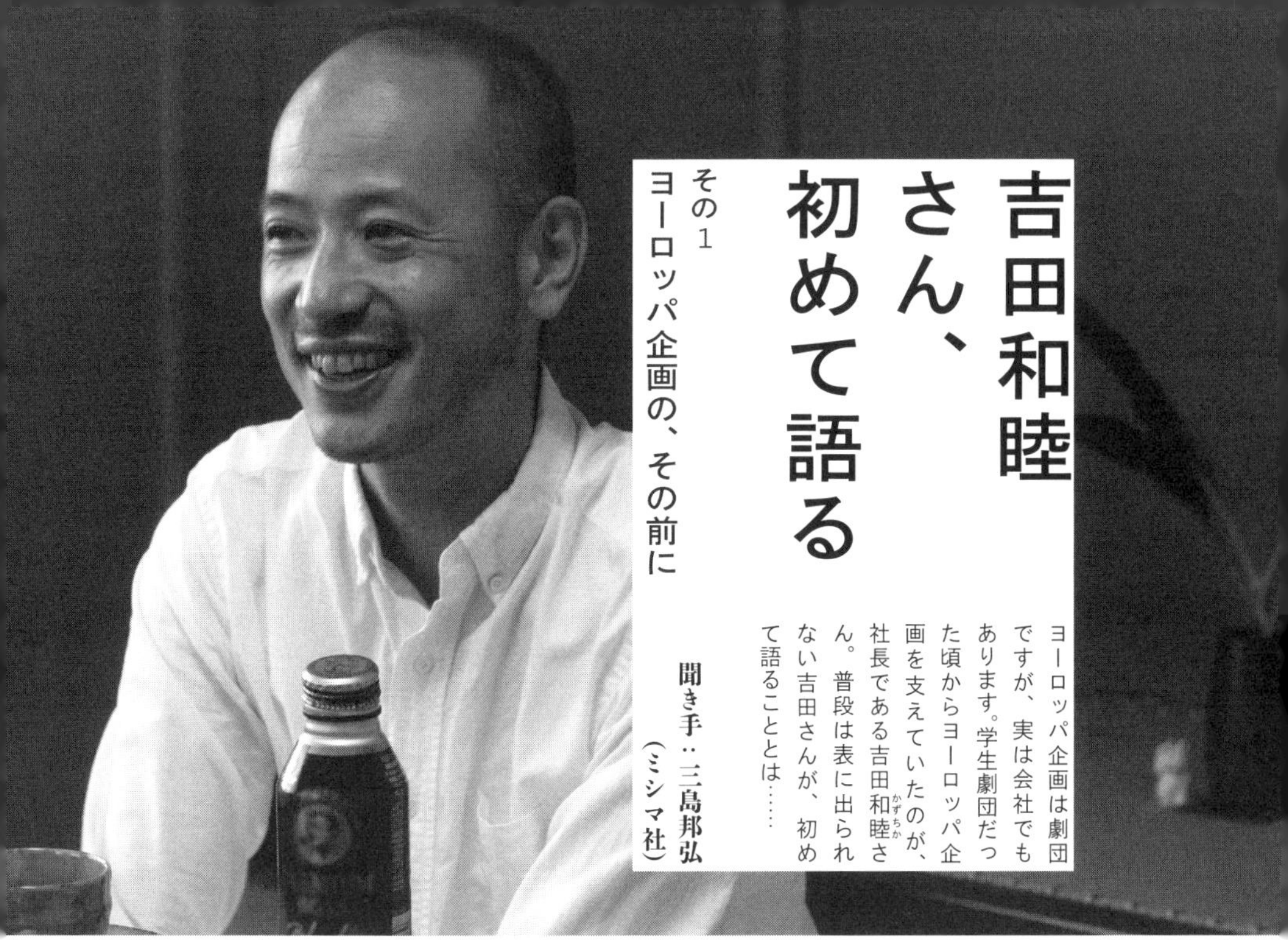

吉田和睦さん、初めて語る

その1 ヨーロッパ企画の、その前に

ヨーロッパ企画は劇団ですが、実は会社でもあります。学生劇団だった頃からヨーロッパ企画を支えていたのが、社長である吉田和睦《かずちか》さん。普段は表に出られない吉田さんが、初めて語ることとは……

聞き手：三島邦弘（ミシマ社）

毎日が文化祭だったOMS時代

――吉田さんのことを、ラジオでもどこでも、メンバーのみなさんは自然な形で話されてますけど、吉田さんご自身は表には出られていないですよね。

吉田　意図していたところは、あるにはあるんです。僕がヨーロッパ企画に関わり出したときはまだみんな学生で、学生劇団だった。お客さんも「大学生たちがわちゃわちゃと面白いこと始めたわ」という感じを応援してくださっていて、僕みたいなおっさんが裏にいると知ったら、お客さんが冷めるんちゃうかなと思ってたんです（笑）。

――吉田さんは、ヨーロッパ企画に関わるようになられて、何年になるんですか？

吉田　二〇〇三年からなので、もう十三年になります。もともと僕は大阪にあった、大阪ガスグループが運営していた扇町ミュージアムスクエア（以下、ＯＭＳ）という劇場のスタッフだったんです。二〇〇三年に潰れてしまったんですけれど。

十八年続いた劇場が閉館したとき、人が死んだような感覚に近いものがあって。自分でも忘れられないんですけど、閉館して二、三日は心ここに在らずでした。終わってから変な感覚がずっとあって、どうしようとメソメソして……。

——でもそれくらい劇場に打ち込んでたんですね。

吉田　そうですね。毎日が文化祭みたいな劇場だったんです。毎週末新しい芝居が始まるし、新しい映画がかかるし。なにか熱みたいなものがあったと思います。

——一九八五年から十八年間ですから、バブルから崩壊後もずっと続いて二〇〇〇年に突入し、なのに……という感じですね。

吉田　アメリカ型の資本主義、要するに株主にいかに利益を残すかという経済のパラダイムシフトが九〇年代後半くらいからあって。ＯＭＳは赤字の物件やったんです。株主さんにいかにお金残すかというときに、「赤字はあかんやろ」みたいなことがすごくきた。本当は大阪ガスの人間が、あそこを守る何かをせなあかんかったと思うんです。力不足というか……。なんかできたんちゃうかなぁと今となっては思うんですけどね。

——そうですか……でもその思いが今のヨーロッパ企画に生かされてると。

吉田　そうですね（笑）。誘ってもらったときは本当に嬉しかったですね。

OMS 最終日のイベントにて。右端が吉田さん、左端が上田さん。上田さんは当時まだ学生だった。（撮影：谷古宇正彦）

「明日、一緒に東京行ってください」

吉田　『サマータイムマシン・ブルース』の再演を近鉄小劇場でやったあとに東京公演をしたんですが、それを『踊る大捜査線』シリーズの本広克行監督が観に来られていて、石田くんから「大変なことになりました」と電話がかかってきたんです。京都のヨーロッパハウス（ヨーロッパ企画の拠点）に慌てて行ったら、「実は本広さんが『サマータイムマシン・ブルース』を映画化したいと言ってるんです。でも僕ら大学生で、頼れるの吉田さんしかいないから。吉田さんにはOMSですごくよくしてもらったんで、僕らと一緒にやってほしい」ということを言ってくれて、「つきましては明日、上田と一緒に東京行ってください」と（笑）。

――それは急な話ですね！（笑）

吉田　酒井くんがパソコンで僕の名刺を作ってプリントアウトして、切って、「はい」って渡されて（笑）。それで上田くんと二人で新幹線乗って行ったんですよ。

――わお～。

吉田　それが本当にスタートです。ぼくも大阪ガスをやめるかどうかはその時点では踏ん切りがつかなくて、働きながらみんなと月に一回くらいでミーティングを始めました。でも面白かったですね、みんな大学時代から本当に、友だちになりたいなと思える雰囲気がありました。性格もいいし、作るもんもおもろいし。

東京武者修行の一年間

――その後は、東京に行かれたんですよね？　一年くらい……。

吉田　そうですね、アミューズという芸能プロダクションに。『サマータイムマシン・ブルース』の舞台をアミューズの副社長の出口さんという方が観ていて、「これは面白いな」と思ってくださって。本広さんと会った一カ月後くらいやったと思うんですけど、また石田くんから「大変や大変や」と電話があって（笑）。「アミューズっていう東京のプロダクションがみんなと飯食いたいって言ってるんで、僕ら学生だけやとあれなんで、一緒についてきてください」ということで、一緒にご飯食べて。僕が上田くんの話の補足とかをしているうちに「君、お芝居詳しいね」と言われて、「実は最近潰れた劇場の元スタッフで、いろいろサポートしてたんです」っていう話をしたら、一カ月後くらいにその出口さんから電話がかかってきて

「君、アミューズに来ないか?」と。

――急展開ですね。

吉田 そうなんです。出口さんは、それまでプロダクションは東京に才能を集めて東京で商売をしてたけど、『水曜どうでしょう』という北海道の番組が、北海道発のローカルで何億も稼ぎ出してる」「これからは東京に集める時代じゃなくて、各地で自分たちで自立しながら、番組なり演劇なりを作っていく時代がくる。それを東京経由で流通させてもいい、でもちゃんと地元でモノづくりをするっていう時代が来るから、僕はヨーロッパ企画とそういうことをやってみたいんだ」ということをおっしゃってくださって。まさに僕も思ってたことだったので、「この人の元でなら勉強したいな」と思いました。それで半年近く迷った末に大阪ガスをやめて、アミューズに行って、一年間出口さんの元で鞄持ちしながらいろいろとやり方を教えてもらったというか。でも、アミューズに誘われてなかったら大阪ガスをやめられてなかった。いきなりヨーロッパ企画にはなれなかったと思うんですよ。

――そうですよね、業種が違いますもんね。

吉田 そうなんですよ(笑)。ノウハウもなかったし。出口さんが一年間、私塾みたいにして、毎週土曜日の朝に若い子を集めて、マネジメントを一から全部教えてくださって。マネジメントとか番組作りとか、権利ビジネスとか、そのあたりのことを全部学びました。契約書の書き方とか、もう、全部。

――すごい!!

吉田 出口さんは今はもうアミューズを卒業されて、自分でまた会社をやっておられるんですけど。でも、僕が今やってることは、そのときに教えてもらったことをただ愚直にやってるだけ(笑)。アレンジはしてますけど、ほんまに教えてもらったことを愚直にやってるだけです。

――でも、大阪ガスから出向している劇場のスタッフであることと、劇団をプロデュースすることはまた違いますよね。

吉田　全然違いますね。劇場は点の出会いなので、公演のときしか出会わないし、アーティストと寄り添ってずっとやっていくのとは、ちょっと種類が違うんですね。だからそれを勉強できたのは本当によかった。

あと、出口さんの考え方ですごく好きだったのが、抱え込むんじゃなくてシェアするという考え方でした。マネジメントはモノづくりの延長線上でよくて、たとえば番組作りだったり、ソフトウエアを作ったり、その中で得られた利益をプロダクションとアーティストは分配したらいいんだと。「まずモノづくりメインで考えようぜ」っていうシンプルな考え方で、すごい僕も共鳴して。たしかにヨーロッパ企画やったらお芝居作れるし、テレビの番組を作れるし、ラジオも作れるし、そういうことができるやろなぁと。出口さんの考え方はすごくええなあと思ったんです。

――そうかぁ。この一年間が吉田さんのマネジメントの原点なんですね。

吉田　そのあと、一年でアミューズはやめて二〇〇六年の一月には京都にもどり、ヨーロッパ企画に専念しました。会社として立ち上げるまでに半年準備して、半年後の二〇〇六年六月にスタートした感じです。

嘘のない幸福感

北海道発の人気ローカル番組「水曜どうでしょう」のディレクターを務める嬉野さん。HTBで番組「ヨーロッパ企画です。」をプロデュースしたり、ヨーロッパ企画とは切っても切れないつながりを持っています。

嬉《うれし》野《の》雅道《まさみち》（「水曜どうでしょう」ディレクター）

私が初めてヨーロッパ企画の舞台を見たのは『火星の倉庫』でしたから、もう十年近くも前になります。

ドラム缶から首ひとつ出し、そこから下はコンクリート詰めにされ手も足も出ないヤクザの兄貴分の役だった永野くんが、クレーンに吊るされドラム缶としてあしらわれるなか、それでもなんとかヤクザの体面だけは保とうと口だけは凄んでみせるものの、右に左に吊るされて、やっぱりドラム缶として運ばれていくそのさまがやたらと可笑しく、それからは、年一回のヨーロッパ企画の本公演を見ることは私の至福の時間となり現在に至ります。

ヨーロッパ企画のホームページを開けば、作・演の上田くんをはじめ劇団俳優全員の立ち並ぶ写真を眺めることができます。ですが全員うつむきがちの立ち姿で、あれでは授業中に教室ではしゃぎ過ぎて廊下に立たされた小学生の風情です。

劇団のホームページという世間と向き合う最前線の波うちぎわで、そんな風情をさらしてしまう彼らには、咆哮《ほうこう》する猛獣の押し出しで社会を圧倒しようとする雰囲気は見えず、漂ってくるのは「こういう人たち、そこらにたくさんいますよね」と世間を油断させる、いわゆる「普通な」感じばかりです。けれど私は、その「普通な」スタンスのまま、世間に挑みかかる彼らの姿勢に強く惹かれます。

思えば私は、彼らの本公演を見に行くとき、舞台の上の彼らに会いに行くような気分なのです。もちろん芝居は作品であると思ってはいます。ですから彼らが用意してきた二時間ほどの本公演の時間の中で彼らの作品を楽しむというのが観客である私と劇団である彼らとの関係だと認識もしています。だから作品の時間が終われば、私は私に戻るだけ。それも承知です。なのに、作品が終わったあとも、私は、終わることができないでいるのです。だからこそ、次の本公演を見に行くとき、私はまた「彼らに会いに行くのだ」と、いそいそした気分を自分の中に認めてしまうのです。それは、いつの間にか、ヨーロッパ企画の役者たちが作品を通して観客である私の心の中に入り込むことに成功しているからだと思うのです。彼らの持つ何かが、観客である私の心を開かせてしまい、私は彼らと地続きになってしまい、私は彼らのすべてを受け入れ、ヨーロッパ企画は私のコミュニティーだと勝手に認識してしまっているのです。そしてそこに自分の居場所があると勝手に思ってしまっている。だからお芝居を見終わっても私は終われず、終われないからこそ、そのまま次回の本公演までの時間を心待ちにし、私は、ヨーロッパ企画の本公演を見に行くにもかかわらず彼らに会いに行くと思ってしまう。彼らの演劇性が他劇団とは一線を画し特殊に見えるのは、以上のような、作品だけで終わらせない彼らのそもそもの性質に由来するものと思えるのです。

京都に「ヨーロッパハウス」と呼ばれるヨーロッパ企画のアジトがあり、行ってみるとわかるのですが、なんのことはない、そこは主宰であり作・演である上田誠くんの実家なのです。彼らは学生演劇の頃から上田くんの実家に通い上田くんの部屋をアジトにしていたのでしょう。

たしかに上田くんの実家は劇団員ならずとも通いやすく溜まり場になりすい環境です。なぜといって、彼の実家はお菓子屋で「上田のラスク」という渋いパッケージのラスクを現在も作っており、両親は上田家の敷地内にいるもののそういうわけで家業のため忙しく、息子を手厚く構ってやれない状況にあり、そうなれば小さい頃から息子にオモチャを買い与えがちとなるのが親の常、状況的に上田少年はひとり遊びがうまくなったと考えられるでしょう。でも両親は同じ敷地にいるわけで、工員さんだっているのだから、小学校から帰れば「おかえり」と上田くんを迎えてくれる大人はたくさんいた勘定となり、上田くんに寂しさの影が落ちる心配などなかったはず。さらに、クラスメイトが訪ねてくれば、親はセガレの友だちが来たと、お菓子やらジュースやら子どもの喜びそうな甘いものを大量に提供しようとしたでしょう。けれど既にご承知の通り、親は家業に忙しくそれ以上には干渉してこない。こうして「大人の目の届かない」上田くんの部屋で上田くんのクラスメイトたちはきっと伸び伸びしたでしょう。部屋にはクラスメイトの家庭では買ってもらえそうにない欲しかったオモチャがたくさんある。上田くんのクラスメイトたちにとって「こんな幸福な場所」は他になかったはず。こうして上田くんの部屋は代々同級生の溜まり場になっていく。けれど、溜まり場になった部屋で、上田くんは、同級生たちを手下のように使い彼らの上に君臨して遊びに興じたりはしなかったというのです。上田くんは、自分の部屋で、自分のオモチャを手にして楽しそうに遊ぶ友人たちの姿を部屋の隅から眺めているのが好きだったというのです。それを聞いたとき、私は、そのときの上田少年のまなざしが、そのまま劇団ヨーロッパ企画のまなざしに今もあるように思えてならなかったのです。そのまなざしは、そこにいることを許し、そこを自分の居場所と思わせ、見守ってくれるものなのです。そのまなざしがヨーロッパ企画の出発点にあるなら、これからもそれは変わることなくあり続ける。たぶんそうだと私には思えるのです。

私は最初から、ヨーロッパ企画に「水曜どうでしょう」のスタンスに近いものを感じていました。「水曜どうでしょう」は田舎のテレビ局が作った田舎バラエティーで、出演するタレントも、当時、顔も名前も知らなかった田舎のタレントでした。タレントの一人は大学生だし、制作費もなさそうだし、映像も凝ったところの見あたらない誰にでも撮れそうな映像で、大人のくせに子どものケンカみたいなことを繰り返してばかり、そんなところに際立つ才能があるとは思えない。つまり「普通な」人間たちがテレビ番組を作ってしまっているとしか思えない、たんに、いつまで経っても学生気分の抜けない「おっさんたちのどうしようもなさ」という侮《あなど》りやすい「普通な」姿を「普通な」ゆえにさらし続ける番組と見えたはずと思うのです。でも、眺めるうち、そんな「普通な連中が、心底楽しそうだ」と、そこに嘘のない幸福感が間違いなく存在していることに見る者は気づき始めるのです。そこに気づいた瞬間から、それまで向けていた侮りの気持ちは真逆にひっくり返って、共感と憧れに変わってしまう。人間の心が開くとき、そこには、そういう順番があるのだろうと私は経験的に思うのです。それまで取るに足らないと思っていた「普通な」人間たちが、この面白さ楽しさを生み出しているのだと、はからずも思い知り、共感してしまったとき、侮っていた「普通な」という状態に、どれだけのポテンシャルがあったか、人はやっと気づくことになるのです。気づきとは、実にそのような手順を踏むものであり、そして、その手順の中を自ら進んで行くときの前向きな気持ちの中で、人は心の底から「普通な自分を肯定する」ということに多幸感を感じているはずであり「自分は自分のままですでに幸福だったのだ」とやっと気づくのです。

「水曜どうでしょう」もヨーロッパ企画も、世間に対して「普通な」ままの押し出しで、自分のままに振る舞い、ときに心底、面白おかしくはしゃいじゃってるだけなんだけども、結果的に人の心を「ありのままにあれ」「それでいいのだ」と解き放つという、この世界で意外に重要な役割を、期せずして担い、かつ果たしていると私はもう長いこと思い続けているのです。

だからヨーロッパ企画の面々は、私にとってはずっと「あいつらは盟友だ!」であり、今も彼らに勝手に励まされ、暗い夜の海を照らし続ける灯台のように、私は彼らを眺め続けているのです。とまぁ、そういった部分は絶対にあるなぁ〜と思いつつ、今年も彼らの本公演を心待ちにしている私なのです。

〈上田誠よりひとこと〉 補足と言ってはあれなんですが、嬉野さんからこの原稿をいただいた後の二〇一六年六月に、父・昇が他界しまして、上田製菓は営業終了となりました。とはいえ嬉野さんが書いてくださっているとおり、製菓工場と同じ敷地に劇団事務所がある、という絶妙の「溜まりやすさ」は得がたいものがあり、なのでひとまず今は「そのまま」にして活動しています。変わりゆくこともありますが、変わるまでは変わらないでいれたらいいな、という思いもありまして。嬉野さんどうもありがとうございます、ありのままに参ろうと思います。

2

演劇のはなし

台本ができるタイミング

上田誠

演劇の稽古というと「台本があって、それを稽古して」というイメージがあるかと思いますが、僕らの場合はそうではなく、稽古開始時には台本がありません。短編や映像作品の場合は僕が先に書いて役者に渡して、ということもしますが、本公演の場合は公演タイトルとイメージ、そして設定のアイデアがなんとなくある程度です。具体的なストーリーや登場人物までは決まっておらず、なので配役も決まってなく、台詞《せりふ》も当然ありません。それを役者たちと一緒に作る、というのがヨーロッパ企画で培《つちか》ってきた稽古のやり方です。

稽古場に集まってまずは「エチュード」をします。エチュードとは即興劇のことで、たとえば僕が「高架下で、チンピラたちがアイスクリームを食べていて、ピノとチョコモナカをちょっとずつ交換する」というような状況を役者に伝え、その場で即興で演じてもらう、といったやり方です。先の設定は『月とスイートスポット』という時空を漂うヤクザもののコメディのときに一番最初に試したエチュードですが、初手でやるのはいわば「劇のムードを作る」ような作業ですね。

バンドにまたも喩《たと》えますと「とりあえず一回音出してみようか」みたいなあれです。バンド、とくにジャムバンドってほら、最初に楽譜ありきではないのとおんなじで。もちろん楽譜が先にあってそれを演奏するような音楽だってありますし、演劇の場合はそうして作ることが多いですけど。

ムード作りの段階では、面白いことや奇抜なことを言おうとするよりも、シーン全体でそれっぽい雰囲気が出ているか、とか、群像でいいムードが作れているか、みたいなことのほうが大事です。ムードムード言ってますが、本当にでもムードとしか言いようがなく、男四人でしゃがみ込んで高架下のチンピラっぽい雰囲気が出るときもあれば、組み合わせによっては全然そうならないときもあります。

役作りや努力でそれに近づける、ということも稽古が進めばやりますが、それよりも最初のハマり具合のほうがよっぽど重要です。これはもう理屈ではなく、役者のある組み合わせがハマったときの「これだ！」感って誰が見てもわかるくらい凄いし、そこから醸《かも》し出されるムードでもう劇ができている、みたいなことだってあるんです。「劇ができた」って安心するのはそういうときです。

こうしたエチュードを何週間か続けながら、配役を決めて、ストーリーを見出して、劇の大まかな形を作っていきます。「この二人は兄貴分と弟分だな」とか「この人は背中を刺されて息巻いてる感じが似合うな」とか、そういうことがエチュードの中で見えてきて、変数をひとつひとつ減らしていくように配役を固めていきます。さくっと劇世界での居所が見つかる人もいれば、なかなか妙味《みょうみ》のあるポジションが見つからずにじりじりする役者もいたりして。足をケガしてる役者がいたら「足を負傷したチンピラ」という役にして現実の事情を取り込んでみたり。ヤクザものなのにどうも声が甲高《かんだか》くてチンピラに向かない役者には、いっそタイムパトロール役をやってもらって捻《ね》じれの位置から劇へのフィッティングを試みたりも。そんなふうにして、全員の役がめでたく決まったときには稽古場に拍手が起きます。

ここまででまだ台本は一枚もありませんが、ムードはばっちりだし「劇」の芯《しん》はもうできています。ときには資料に当たったり、みんなで映画を観たり、フィールドワークをしたりして、ディティールや世界観をじわじわと深めていきます。

やがて人の出し入れやプロットもほぼ固まり、エチュードでの通し稽古がざっくりとできるようになった頃、ようやく僕はそれらを持ち帰り、「そろそろ台本書いてくれないかな」というプレッシャーを感じながら、稽古場で生まれたやりとりを反芻《はんすう》するように、台本の一行目を書き始めます。

これは演劇の作り方でいえば異例なほど遅いタイミングですが、でも稽古場で起こったことをできるだけ台本に織り込むには、申し訳ないけどやっぱりこのタイミングだよな、と思っていて、そしてこれは劇団員の理解と協力なくしてはできないことです。何しろ役者はここから台詞をいちから覚え、演出を体に落として初日を目指すんですから。つまり劇を二回作るようなことに近いです。

そう、僕らは結局ジャムバンドではありえず、本番での確率をなるべく上げたいし、きっちり作家によって書かれた台本を演じるほうがある段階からは作り込みだってしていけるので、最終的には必ず台本を作ります。

そして役者はそこに書かれた台詞のとおりに演じ、基本的にはアドリブもありません。だけど書かれている台詞は、もとはといえばエチュードで役者自身が言った言葉だったり、言ってないけど言っててもおかしくないような言葉なので、役者の体への馴染みがすごくいいんです。

「作家という他人が書いた言葉を、自分の言葉のように扱うのが役者の仕事だ」というのも一方では真実だと思いますし、また作家が書いた言葉を言うのが役者の歓びでもあるんですが、それでも僕は、役者自身から生まれた言葉を役者が言うときの「血の通い方」を信用しています。それは裏を返すと「お笑いコンビで、ネタを書いているのが実はツッコミの人だった、というのを知ったときのほんの少しの違和感」に近いものがあるかもしれません。ボケの人はやっぱり自分で考えたボケを言っててほしいな、という。

そんなふうにして、劇でありながらその人がまさに今しゃべってるみたいで、だけどフィクショナルな世界でもあって、でもやたら生成的で、みたいな質感が僕らの目指すところです。稽古を先にして台本が最後にできあがる、というアクロバシーはこうして生まれました。劇団を始めたころは僕がまず台本を書いてそれからみんなで稽古する、というやり方だったんですけどね。ガラパゴス的な進化を遂げていて何よりだな、と感じています。

ヘンテコなシステムと遊ぶ人たち

森見《もりみ》登美彦《とみひこ》

著作『四畳半神話大系』のアニメ化で、上田さんとタッグを組んだ小説家・森見登美彦さん。『夜は短し歩けよ乙女』『聖なる怠け者の冒険』など、京都を舞台とする作品も多く、上田さんも親交が深いそう。そんな森見さんから見る「ヨーロッパ企画」とは？

先日、小説家の万城目《ままめ》学《まなぶ》氏が新刊『バベル九朔』のプロモーションで京都へ来るというので、万城目氏と上田誠氏と角川書店の編集者と四人でお酒を飲んだのである。高倉通から細い路地を入ったところにある古風な「おばんざい」のお店であった。

上田氏と仕事以外で会うときは二人だけで話をすることが多く、万城目氏をまじえて会ったのは初めてのことだった。

そもそも私には京都在住の知り合いが少ない。少し前までは綿矢りささんがいて、私は上田誠氏と綿矢さんを引き合わせて「京都沈殿党」を結成し、東京在住の万城目氏を仲間はずれにしてやろうと手ぐすね引いていたのだが、そんな目論見も綿矢さんが結婚して関東へ引っ越すという祝福すべき事件によって水泡に帰し、むしろ精神的痛手を受けたのは私であった。

しかし、そんな話はどうでもよろしい。

面白いのは万城目氏がまじると、想像もしていなかった話題が膨らむことである。私と上田氏が二人で顔をつきあわせて「恋愛談義」になるようなことはまずない。万城目氏による呵責《かしゃく》ない追及あらばこそ、私は上田氏の恋愛方面の思想について新知識を得ることができたのである。

「万城目さんが加わると下世話な話になりますなあ」

「それはどういう意味や、トミー」

「上田さんと二人で会っているときなんか、抽象的な議論ばっかりしてますよ。竹林《ちくりん》の清談ですよ。上田さんと会うときには、二人ともなんだかはにかんでますからね」

「今さら何をはにかむ?」

万城目氏は呆《あき》れたように言った。

「二人とも、ええオッサンやないか」

ここ数年、ときどき上田氏と会って話をするのが面白い。

畑違いの仕事をしている人で、しかも気の合う人と話をすると、頭の風通しが良くなる。同業者には言えない青臭いことを思い切って口にできるし、話が通じれば何か普遍的なものにぶつかった嬉しさがある。上田氏は「演劇」や「映像」から摑んできたことを話してくれるから、それがまた刺激になる。

井戸の中のカエルみたいな生活をしている私にとって、上田氏はじつにアリガタイ存在である。ということで、私は上田氏を通して「ヨーロッパ企画」という不思議な存在を見てきたわけである。

ハッキリとした経緯は覚えていないのだが、上田氏と出会ったのは八年近く前のことである。『夜は短し歩けよ乙女』映像化の企画で脚本を担当してもらったのがキッカケであった。

自分で言うのもなんだが、『夜は短し歩けよ乙女』という作品は、成立しているのが奇跡としか思えない破天荒な作品であって、それを映像化しようという企ての困難さは察するにあまりある。そういうわけで企画は頓挫《とんざ》と復活を繰り返し、上田氏はそのたびに脚本を書き直し、いつの間にか『夜は短し歩けよ乙女』の世界的権威となったものの、肝心の企画は今日にいたるも実現していない。そのかわり、その企画が一つの縁となって実現したのが、アニメ「四畳半神話大系」であった。

そういった企画が進んでいく中で、上田氏と話をする機会も増え、ヨーロッパ企画の舞台も観に行くようになった。

初めて観に出かけたのは『あんなに優しかったゴーレム』だった。以降、『サーフィンUSB』『ロベルトの操縦』『月とスイートスポット』『建てましにつぐ建てましポルカ』『ビルのゲーツ』『遊星ブンボーグの接近』は、いずれも舞台で観ている。

京都府立文化芸術会館で観た『あんなに優

しかったゴーレム』は、ヨーロッパ企画初体験だったこともあって心に残っている。私は舞台を観ること自体が少ないので、「目の前で人が演じてる」というだけでも楽しいのだが、ヨーロッパ企画の独特な面白さもすぐに感じることができた。それは生き生きと動きまわる人物たちの存在感と、明確なコンセプト＝システムの面白さである。

その日のことでもう一つ覚えているのは、舞台が終わったあとに上田氏に挨拶に行って、通路で立ち話をしたことである。

なんとなくギクシャクして、妙に恥ずかしかった。どうやら二人とも「はにかんでいる」ようだった。何か相手に賞賛なり感謝なりを伝えたいのだが、どうも手軽にスッと言えない。それなりの年齢のおっさん二人が、通路の暗がりで「どうも」とか「いやあ」とか曖昧に呟《つぶや》いてモゾモゾしていた。

とりあえず小説について考えてみる。

小説というものを最小単位まで突き詰めると、一つの文章から次の文章へ飛んでいくという「流れとリズム」になる。そこに書かれている文章が生き生きとしているか、「なんだか面白いナア」と思えるか、ということが生命線なのである。それをないがしろにして他のことをいくら頑張っても空転するばかりである。敢えて極論を言うなら、面白い文章を面白くつなげれば面白くなるのだ。

しかし「面白さ」にも色々なものがあって、まったく肌合いのちがう「面白さ」もある。組み合わせると相殺されてしまう「面白さ」だってあるだろう。つながれているからには、それらの「面白さ」には何か共通のものがあるはずだ。それらの「面白さ」がもっとも生き生きとする結びつき、「面白さ」がドンドン増幅されていくような結びつきがあるはずだ。そう考えてみるといい。

それらの結びつきを突き詰めていくときに浮かんでくる要素がキャラクターであり、物語展開である。それらは色々な「面白さ」を相互作用させながらアレコレ試行錯誤を繰り返して発見していくほかない。そうして見つかったいくつもの要素が、一つの中心をもってピタリと収斂《しゅうれん》したとき、「小説が書けた」ということになるわけである。少なくとも私の場合はそうなのである。

どうしてこんなことを書いたかというと、ヨーロッパ企画の舞台も同じような過程を経て作られているにちがいないと私が思っているからである。

上田氏が書き上げた脚本からスタートするのではなくて、上田氏の考えた状況設定と出演者の人たちの「エチュード」から始まるというのは、私が小説を書くときに、「とりあえず文章を書いてみる」ことから始めるのと同じである。

エチュードは、出演者、舞台装置、その場の雰囲気、その他もろもろの影響を受け、上田氏が意識的にコントロールできるようなものではないだろう。だからこそ思いがけないかたちで発見される「面白さ」があるだろう。それらの断片と断片を響き合わせて、上田氏は一つの理想的な展開を見つけだす。

「展開」は結果なのであって、はじめから目指されているものではないはずである。

つまり上田氏とヨーロッパ企画にとっての「エチュード」が、私にとっての「文章」にあたる。

ヨーロッパ企画の舞台を観るとき、「無駄な場面が一つもない」と感じる。阿呆らしいことを延々とやっている場面であっても、それが展開に貢献していなくても、無駄とは思えないのである。「それぞれの場面や人物をもっとも輝かせる流れは何か」という上田氏の試行錯誤の結果が展開になるのだから、人間ドラマや展開を支えるために場面があるような作品とは根本的に違っているためである。そして、それらの場面の面白さは、作品の中心に存在する「ヘンテコなシステム」と結びついている。

したがって、エチュードを繰り返しながら上田氏が何をしているのかといえば、おそらくその「ヘンテコなシステム」のあらゆる機能をテストし尽くそうとしているにちがいない。

「システムに翻弄される人間たちが面白い」というのは、上田氏がしばしば口にすることである。

ヨーロッパ企画の舞台は明確なコンセプトを持っていて、それが舞台装置とも渾然一体となっている。そのコンセプトは一つの「システム」を体現している。それは我々の日常生活とはちょっぴり異質なものである。ヨーロッパ企画の「ＳＦっぽさ」はそこに由来する。

以前、上田氏がこんなことを言った。

「喫茶店を舞台にして何か作ってください、と言われても困るけど、『水没した喫茶店』を舞台にして何か作ってくださいと言われれば色々と想像が膨らむ」

それを聞いて、「なーるほど」と私は思った。

「喫茶店」は我々の日常生活の範疇《はんちゅう》にある。しかし「水没した喫茶店」は日常とは異質なもので、「ヘンテコなシステム」の存在を予感させる。天変地異であろうと、何者かの陰謀であろうと、そこには何らかのシステムが働いている。それはいかなるシステムであろうか――そう問うとき、上田氏のハートには火がつく。

ヨーロッパ企画の舞台が群像劇であり、主人公が存在しない理由もここにある。主人公は「システム」なのである。

だからといって「人間はどうでもいい」とはならないのが面白いところで、その絶妙なバランスにこそ、ヨーロッパ企画の舞台に漂う不思議な魅力の源泉がある。

システムを描くためには、システムとぶつかる人間たちを生き生きと描かなければならない。そのシステムがヘンテコであるほど人間の行動もまたヘンテコになり、そのヘンテコな行動によってその人物はいっそうその人物らしくなっていく。システムと人間が接するところには必ず軋轢《あつれき》が生まれ、その軋轢を足場にして、「ヘンテコなシステム」と「人間」はたがいを生みだしあうのだ。

人間たちの動きが一連の流れを辿り、システムが持つ全機能の検証が終わるとき、ヨーロッパ企画の舞台は終わる。それぞれの人間が成長するとかしないとか、事件が解決するとかしないとか、そういうことに主眼があるのではない。そのシステムがどれだけ多機能で、どれだけヘンテコかということに主眼がある。

ちなみに、ヨーロッパ企画の「笑い」の爽やかさもこのあたりからくるのではないかと思う。「笑い」というのは、ちょっと油断すると自虐的になりすぎたり、攻撃的になりすぎたりする。しかしヨーロッパ企画の舞台では、いわゆる常識に基づいて登場人物を「笑いものにする」ような印象がほとんどしない。常識とズレているのは「ヘンテコなシステム」の方なのだから、人物たちが右往左往するのも納得がいくし、彼らを否定する理由もないわけである。そして人物たちがヘンテコなシステムとぶつかってムキになるほど、彼らはいよいよ人間らしくなり、ヘンテコなシステムはいっそうヘンテコに感じられてくる。そう考えるなら、我々がヨーロッパ企画の舞台を観ているときに心おきなく笑っている対象は「ヘンテコなシステム」そのものなのである。

上田氏と話をしていていつも感じるのは、その「自意識」へのこだわりのなさである。

もちろん上田氏だって量産型演劇ロボットというわけではないのだから、色々と個人的な考えや感情があるに決まってる。しかし過剰な自意識というものはまるで感じられない。これは私自身が小説家などという自意識過剰人種であるからよく分かる。舞台と小説という表現形式のちがいだけによるものではなく、上田氏がもともと持っている資質であるにちがいない。

ようするに上田氏はサッパリしている。

たとえば私は、自分のまわりにある世界や人間を、「自分」というフィルターを通して見ている。そのフィルターの選り好みが強すぎて、ときには自分でイヤになってしまうほどである。自分の心に響かないものは、まるで見ようとしないところがある。

しかし上田氏という人は、自分を含めたまわりの人たちを、数十センチ浮かんだところから俯瞰している。「人間がゴミのように見える」ほど上空ではないのも大事で、それはちょうど「人間が可愛く見える」ほどの高さである。そのような絶妙の高さに浮かぶ上田氏の目に映ずるのが「システム」である。

だから上田氏はシステムの側に焦点を合わせている。そういうふうに視点をおくなら、感傷的になることもなく、人間を笑いものにすることもない。そういったことはすべて、「人間」の側に焦点を合わせることによって発生するからである。

正確に言うなら、それは人間を取り巻く状況への興味であって、自分自身への興味ではないし、人間ドラマへの興味でもない。おそらくそういうものは上田氏の肌に合わないだろう。ときおり上田氏が見せる「はにかみ」

は、地上へ降りなければならぬ場合に生じる戸惑いだと私は思っている。

たいへんステキだと思うのは、上田氏がこれほどシステムに興味を持っているのに、決して非人間的、図式的にならないことだ。システムを表現するのは人間だという点を絶対にないがしろにしないからであり、いくら俯瞰していても地上数十センチという体感的距離を忘れないからだろう。人物たちが身近に感じられ、自然に振る舞っているように見えるほど、ヘンテコなシステムの手触りはハッキリしてくる。そこにヨーロッパ企画独特の発明があるし、舞台を作り上げる苦労もあるのだと思う。

ヨーロッパ企画の舞台を観たとき、私は生き生きとして自然な人間たちの動きを通して笑いながら、丁寧に作られたヘンテコなシステムに触っている気がする。それはたいへんに気持ちが良い。すがすがしくて美しい。人間らしいのに人間らしくない。それはなんとなく神話の世界を思わせる。英雄がよそへ行ってしまったあと、みんなでポカンとしているような神話である。

ひるがえって自分の小説について考えると き、じつは自分の小説はヨーロッパ企画の舞台とは裏返しの構造をしているということに気づく。私の小説の場合、中心にすえられた「ヘンテコなシステム」とは主人公そのものなのである。

私の場合、主人公というシステムを描くことと、世界を描くことは同じことである。まず確固たる世界があって、そこを主人公がうごうごうごしているのではない。主人公がうごうごする先でぶつかってくる面倒臭いものがあって、そのとき初めてそこに世界があることに気づく。そのぶつかってくるものは、必ず主人公の内なるシステムに関係がある。正確にいうなら、その軋轢から主人公のシステムがいっそうハッキリ分かってくる。そういう構造になっている。

先ほど私は、エチュードを繰り返しながら上田氏は「ヘンテコなシステム」のあらゆる機能をテストしている、と書いた。それとまったく同じことが私自身についても言える。私は文章の流れとリズムによって、主人公というシステムの機能をテストしている。最初からそのシステムのすべてを決めているのではなくて、文章を書きながら、そのシステムの輪郭をなぞっている。そうすると、必ず文章そのものを通して思いがけないものが見つかる。それはおそらく出演者たちの相互作用（エチュード）によって、上田氏が見つけようとしているものと同じであろう。

この感覚は私にとってたいへん大事なものだ。

上田氏とちがって、私はそもそも「自意識過剰」である。それは執筆中の作品に対して色々なかたちで現れるので、とてもここでは説明しきれない。とにかくその意識は、作品を小さくし、小賢《こざか》しくし、息苦しくし、感傷的にし、不自然にする。悪いことばかりである。ホントに困ってしまうのである。それを如何にして乗り越えるか、というのが私にとって大問題で、その際につねに役立つのが「文章によるエチュード」である。そのとき私は言葉と遊んでいて、そうすると言葉が自分を越えて膨らんでいく。それがなければ、私は自意識の中に閉じこめられ、見栄が、計算が、感傷が、自己憐憫《れんびん》が、小賢しさが猛威を振るうであろう。じつにウザイ。

しかしうまく作品が書けたときは、夏祭りに出かけて無心に遊んだあとのような、空っぽの感じが漂う。

そこで私は「遊び」というものを考える。ヨーロッパ企画の舞台から感じるのも、自分の小説がうまくいったときに感じるのも、ようするに「遊び」なのである。

これはヨーロッパ企画の舞台がイイカゲンに作られているというわけでもないし、私が自分の小説をイイカゲンに書いたというわけでもない。でもそこにはなんだか「遊んでいる」ような感じがある。これは不思議なことだが、何かとても大事なことである。

「遊ぶにしてもマジメに遊べ」という人もあるが、その「マジメに」という鬱陶しい言葉を発したとたん、もう「遊び」は消えている。それも面白いところだと思う。マジメというのは遊んでいるあとから追いついてくることで、我々はただ遊ぶ。

ヨーロッパ企画の場合、彼らは舞台上に存在する見えないシステムと遊んでいる。私の場合、主人公の内なるシステムと遊んでいる。「作品を作るにあたっての正しい遊び方」をついつい定義したくなるが、そんなことをしても無駄だろう。無心になって遊ぶことが世界そのものになれば素晴らしいと思うのみである。

そのとき何か特別なものがふんわりと漂う。何なのかよく分からない。空っぽのようだが、そうではない。言葉にしようとすると消えてしまう。「体験」と言ったり、「世界観」と言ったり、これまでに色々な言葉をあてはめてみたが、何を言ったとしても、その独特の空っぽさにはあてはまらない。うまくいっていない作品にだって「体験」はあるし「世界観」もある。しかしうまくいった作品には、何か特別な空っぽさがある。それはなんとなく神聖なもの、フッと聞こえてくる祭り囃子みたいなものである。

以上のようなことを、次に上田氏に会ったら話そうかなあと思っていたのであった。こんなことばかり喋っているのだから「清談」みたいになるのも当然である。思い切って色々なことを忖度《そんたく》して書いてしまったけれども、すべて私の妄想的仮説であります。

「演劇」と「小説」という表現形式の違いはたいへん大きく、そもそも上田氏と私では視線が真逆を向いている。にもかかわらず、それぞれの紆余曲折を経て現れる作品の雰囲気は似通うのが面白い。同じ山を正反対の方角から登って、頂上に出現した空っぽの草原で握手しているようなものだ。

長々と理屈っぽいことを書いてきたが、けっきょく言いたいのは「ここはサワヤカな眺めですね」ということに尽きる。

ヨーロッパ企画作品解説　その1・本公演

諏訪雅

この本を作るにあたって「ヨーロッパ企画の全作品紹介」みたいなコーナーが絶対必要だ！　と勇んで担当になってみたものの「六千字くらいですかね」とミシマさんたちに言われ、途方に暮れております、諏訪です。リストアップしたところ作品数は千を超え、全作品を紹介した場合、一作品につき平均六文字しか使えず、すでにリストの時点で文字カウント数七千という、タイトルだけ並べることも不可能でして、となるとこれはもう僕の主観でセレクトせざるをえないわけです。どれもかわいい作品なので、ここで「紹介した作品」「紹介しなかった作品」という一本の線を引くことになるのがとてもツラいんですけど、その線はもう、ものすごく薄いと思ってください。

僕らの活動の中心は舞台です。その中でも**『サマータイムマシン・ブルース』**（初演二〇〇一年、再演二〇〇三年、二〇〇五年）は本広克行監督によって映画化もされた代表的な作品です。大学のSF研究会に突然現れたタイムマシンと、故障したクーラーのリモコンをめぐる二日間の話、ですかね。映画ではカッチョよくタイムマシンがグルグル回ってパッと劇的に消えますが、舞台ではもうスモークを焚《た》くわ、ストロボで目くらましするわ、役者は思いっきりタイムマシンを押すわ、他の役者はそれを体で隠すわ、必死にタイムマシンを消してました。そのあと「消えた！」と、さも消えたかのように驚き混乱するという、舞台ならではのチープなタイムスリップシーン。僕らの学生時代からの代表作であり、いまだに『サマー2』をいつやるかと話題に上がります。

でもねえ、ヨーロッパ企画の代表であり、作・演出の上田は常日頃**『ボス・イン・ザ・スカイ』**（二〇〇九年）が過去最高に〝書けた〟作品だ、と言います。『ボス』はそうなんです、お客様満足度はそれほどでしたけど、上田誠満足度は一位なんです。ある塔でドラゴン退治を終えた「光の戦士たち」が、ロックフェスを見るために塔に登ってきた少女と出会い、かつてのドラゴン退治の武勇伝を語ってみせるが、少女の心はロックフェスに奪われっぱなしで、次第にその「光の戦士たち」もロックフェスに心奪われる、というような話でした。劇場の真ん中に塔を建て、それを三六〇度客席で囲い、ヘゲモニーをコメディにしようとか、普段から塔に登っているような身体を作ろうとか、けっこうストイックに取り組んでいた時期でしたが評判はそこそこでした。スネて囲み舞台で得することは何もないな、と言ったりしました。

『ロードランナーズ・ハイ』（二〇〇二年）は、床が見えないくらい散らかった学生寮を掃除していると、ファミコンが出てきて、掃除そっちのけでファミコンをやってしまうという話でした。実際のゲーム画面を出しながらファミコンをしたり、大量のゴミを散らかして本当に掃除していく、やたらモノと絡む劇でした。普段からテキパキしている中川さんの周りだけ芝居の段取り関係なしに片付い

『ボス・イン・ザ・スカイ』

『サマータイムマシン・ブルース』

ていったり、小道具のゴミを劇場の人が本当のゴミだと勘違いして捨ててしまったり、僕が小道具のゴミに紛らせて捨てた本当のゴミ（ヨーグルトの空き容器）から異臭がしたり、ゴミトラブルの絶えない公演でした。ゲームの音声が出ないというトラブルで、劇の最中に上田が舞台上に現れ、客席に向かって「ごめんなさい。もう一度最初からやらせてください！」と言ったのも印象に残っています。これまでやってきた「SF群像シチュエーションコメディ」に「地形やモノと絡む」という要素を足したのはこの公演からです。この後「地形やモノと絡む」に「高さ」を加えたのが**『火星の倉庫』**（二〇〇七年）からの作品で、それに「企画性」を足したのが**『ロベルトの操縦』**（二〇一一年）

『ロベルトの操縦』
『火星の倉庫』

からの作品です。

「たとえ思いついても誰もやろうとはしないことを、軸にしてコメディを作る」というのが「企画性コメディ」という最近のシリーズです。『ロベルトの操縦』では「移動コメディ」と銘打ち、大きな乗り物以外の舞台装置と背景と前景を横スクロールさせ、その場走りと扇風機の風を使って「移動」を表現しました。**『月とスイートスポット』**（二〇一二年）の「漂流コメディ」では、まったく別の時空間を同時に舞台上に出現させ、ヤクザに時空間を「漂流」させたり、**『建てましにつぐ建てましポルカ』**（二〇一三年）では舞台を迷路のようにして、パーティに向かう貴族が建てましされすぎたお城で迷う話でした。**『ビルのゲー**

ツ』（二〇一四年）ではひたすらカードをかざしてビルのゲートを開けていき、ビルを登っていく「ゲートコメディ」で、『**遊星ブンボーグの接近**』（二〇一五年）では文房具を巨大化させて文房具を観光していく「文房具コメディ」をやりました。と、「企画性コメディ」になってからは実験的なことをしてるわりに評判のいいのが続いている感じです。

　実験的なことをしたといえば、『**平凡なウェ〜イ**』（二〇〇五年）は前半映画、後半演劇ということを説明なしにいきなりやった舞台です。前半の映画でスクリーンに映し出されていた登場人物たちが、後半いきなり全員舞台に登場するので、その瞬間が劇の一番のピークです。そこから物語は地味

『衛星都市へのサウダージ』

『月とスイートスポット』

に続き、最後は雨が降って劇が終わる、実験したわりに、それほど評価の得られなかった作品です。最後の雨を安いスプリンクラーで降らせたため、雨と同時に聞こえる「ウイーン」というモーター音がひどく、当時これを観に来たユースケ（・サンタマリア）さんから、すべてを台無しにする「ウイーン」と言われてました。

『**衛星都市へのサウダージ**』（初演二〇〇〇年、再演二〇〇七年）も映像をたっぷりと使った作品です。地球以外の星へと移住を決めた、まったく関係のない十一人の登場人物たちが、宇宙船に乗り合わせ、移住先の星へと向かう話です。シーンとシーンの間に登場人物一人一人の移住に対する心境や状況を映像で明らかにしていく構成でした。構成上、序盤に映像が

流れる石田や僕は、雰囲気もののとくにこれといった心境は描写されない薄い映像だったような気がします。酒井が作ったラジコンロボット「ROFT」が劇の最初に登場しました。うまくいけばそのまま劇団員になってもらおうとしていましたが、他の劇団員やお客さんからも、それほど好かれはしなかったのでうやむやになりました。自動ドアとか自販機とか、当時の酒井の舞台美術力をフルに生かした作品でした。

内容ではなく、ツアーとしてかなりいびつだったのが『**空前のクイズアワー**』（二〇〇三年）です。日本各地のライブハウスなど、十四会場を巡るツアーだったにもかかわらず、初日の名古屋公演に脚本が間に合わなかったり、ツアー最終日の新潟に行く途中、石田が自転車で事故に遭い、慌てて七人芝居から六人芝居に書き換えて上演したり、交通費はみんな手弁当だったためみるみるお金がなくなっていき、金持ちの酒井が銀行みたいになったり、京都の由緒あるライブハウスでは、決して動かしてはならないベンチシートを動かして、ヌシっぽい人に公演中止になるくらい怒られたりと、苦い思い出がいっぱいです。

とまあここまで、作品解説とその作品にまつわるトラブルの紹介みたいになってしまいましたが、ヨーロッパ企画の本公演は毎回わりと変わったコンセプトで作られていて、今ではそれを年一回のペースでやっています。

『遊星ブンボーグの接近』

短編戯曲「小さな出版社」ができるまで

レポート：大歳倫弘

ある日

二〇一六年四月。ミシマ社さん京都オフィスにてこの本の内容の打ち合わせが行われ、「新作短編を収録しよう！」と盛り上がりました。そこで、どうせならヨーロッパ企画の新作が生まれる瞬間、といっては大仰《おおぎょう》だけど、どういうふうにヨーロッパ企画が、上田誠が、劇を作るのか。その制作過程も一緒に記録してみようという企画が立ち上がったのです。僕もヨーロッパ企画で作家をやっていて、上田さんとコントを共作したり、長編の劇を作るお手伝いをしますが、ヨーロッパ企画の作品って〃いつの間にかできている〃ように見えることが多いのです。僕でそうなのだから、これ、周りの人はなおさらそう思うのではないでしょうか。実際いろんな方から「どうやって作っているんですか？」と聞かれますし、それをなかなかうまく説明できません。そこでこのたび、改めてその過程を確認したいなぁと企画の記録役に手を上げました。これは短編戯曲「小さな出版社」ができるまでの上田誠を大歳が定点観測してみた、というページです。

まず最初の打ち合わせで、上田さんから三島さんに「テーマをください」とお願いがありました。上田さんはこうしてその人としかできない仕事をするのが好きで、受け取ったテーマを材料に、そのテーマから浮かび上がるもっとも面白い正解を探しながら作品を仕上げていきます。なんだろう、作品の「的」を作るっていう言い方があってるのかなぁ。プレゼントをあげるときに、渡す相手の好きなものや予算やタイミング考えて渡すじゃないですか、あんな感じでプレゼントを渡すかのように作品を作るのが好きなんだと思います。

お題掲示

このとき三島さんから「小さな出版社」というテーマをいただいた上田さんは「なるほど」とだけ言って、あとは持ち帰って考えることになりました。帰り道、ふと寄った「びっくりドンキー」であの木の板のメニューを見ながらつぶやく上田さん。「……どうしようかな」。僕が「迷ったときはカレーバーグディッシュすけどねえ」と言うと「いや〞小さな出版社〞のことやけど……」と冷たく返された。いや、紛《まぎ》らわしい……っていうか、誰でもそう思うじゃないの。上田さんはフザけんな、と言わんばかりにこっちを睨《にら》んでくる。同席していた角田さんに「本作りに集中でけてへんなぁ」と言われ「いやいやいや(笑)」と。ヨーロッパ企画の打ち合わせの空気感ってこんな感じです、本当に。こうして「小さな出版社」の制作は始まりました。

〈ミシマ社京都オフィスにて第一回の打ち合わせ〉

〈びっくりドンキーにて〉

打ち合わせ、と思いきや

五月、大きなイベントが重なってなかなか打ち合わせの時間もとれず、「小さな出版社」の話はできていないまま。だんだんと心配になってきたある晩、上田さんと事務所でバッタリ会えた。

「上田さん、本の短編なんですが、どうしましょう?」

「ああ、それならもう考えてるから」

「え?」

「おれはもう先に進んでる、お前を置いて」

「いや、それを記録する企画なんですから、ちょっと!」

気づくと、すでに上田さんは自転車に乗って遥《はる》か彼方へ行ってしまっていた。どうして企画を潰すようなことを……。でも、冗談っぽい言い方だったし、どっちだろう。本当は進んでないやつかな、嘘かな、でも、本当になにか思いついたのかな、そして上田さんはあんな飛ばしてどこへ行ったんだろう。

上田さんから連絡をもらって喫茶店へ。「小さな出版社」の内容を詰めていく……はずが、珈琲を頼むや否や、取り出した紙に「大阪、新世界」と書き出した。

「あれ？　小さな出版社は？」

「それもやる、けど、これもやる」

「なるほど……」

それから、本公演（第三十五回公演『来てけつかるべき新世界』）の打ち合わせをやってひと段落した後、ようやく別の紙を出してきて「小さな出版社」と書き出した。おお！ようやく始まるんだ。

「僕らってさ、基本的に舞台と絡む劇団やんか」

「はいはい」

「ロベルト（第三十回公演『ロベルトの操縦』）やったら乗り物とやし、ビル（第三十三回公演『ビルのゲーツ』）やったらビルと絡むわけやん、だからこの短編はこの本と絡まんとあかんと思うねん」

なるほど、この本さえ持っていればどこでも上演できる内容にしたいと。

「本を舞台美術として考えるっていう……たとえば意図的に落丁してるとか（笑）。乱丁してるとか（笑）。でも、これそんなことが許されんのかなぁ……」

「どうなんでしょうねぇ」

「わからんなあ、意図的に乱丁させるとか、むちゃくちゃなことやもんなあ（笑）」

とりあえずミシマ社さんに問い合わせてみることに。そこで、記録係としてひとつ大事なことを聞かないといけないと。

「え、いつこれ思いついたんですか？」

「あーいつやろ、本公演のこと考えてるときかなぁ」

おおっ、これはいいことが聞けたなあ、ニヤニヤしていたら上田さんが聞いてくる。「おれのこと見直した？」……いや、別に見下げ

〈コメダ珈琲にて〉

たことがないのになんだそれは。これ見直したって言えばいいのかなぁ、でも、それなら見下げたことになるよな。なので「見直してないです」と冷たく返した。

返信

ミシマ社さんから返信をいただけた。

新居さんから、

「すごく面白いと思います！　アイデア次第で、なんでもできそうですね！」

そして三島さんからも。

「ご提案いただいた仕掛け、めちゃ面白そうです!!　ぜひぜひ、やりましょう〜。楽しみです！」

後日、上田さんと事務所で会えて言った。

「よかったですねえ、面白がっていただけて」

「ね、でも、どうしよう？　エチュードとかしようかなあ？」

エチュードとは、設定だけを役者さんに与えて即興で演技を続けてもらうことで、もっと面白くなりそう！　とか、ここが上手くいかないなーなどシミュレーションする作業です。短編ではエチュードをやったりやらなかったりとまちまちです。上田さんが言います「でも、役者おるかなあ……」。僕がメンバーのSNSをさっと見て、集まらなさそうな気配を察知します。「んー難しそうですね……」

「ま、しょうがないなー」。のんびりした会話とは裏腹にけっこう締め切りが近い。……どうなる、「小さな出版社」。

メール二通

それから数日後、どうなる、などと言っておきながら、上田さんのいる京都を離れ、僕は用事で東京にきていた。こうなると進行状況はますますわからない。「どうなってます?」的な電話をするのも違う気がする、あくまで僕は作品作りのお手伝いなわけで、誰よりも焦っているのが作っている本人なことくらい、自分も知っている。でも、どんな状況か少しくらいわかればなーとも思うし歯がゆい気持ち。喫茶店でバッタリ出くわして、「あー! 上田さん! そういえば先日のアレどうなってます?」みたくお伺いできるのが理想だなぁ。ちょっとメールくらいしてみようか。そんな気持ちで開いた携帯に新着メールが二通。送信者「上田誠」、二通とも上田さんからだ! まずは一通目を……「今晩など打ち合わせどうでしょうか??(上田誠)」……あーそうだ、上田さんに東京に行くのを伝え忘れていた。さすがに無理だなぁ、とりあえず残りのもう一通を開く。一通目から三十分と置かずに届いたメールの本文は……「今晩とかいける?(上田誠)」……あ、ヤバい!! 同じ内容が連続して届いている! 今晩にどうしても打ち合わせしたい気持ちが伝わってくる! きっとこれはアレだ! 上田さんの作品作りでは、必ずといってもいいほど迎えるあの「激アツの夜」だ! それまで停滞していた何かがバーンと決壊して、作品が急にできあがる夜が上田誠の作品作りには

〈携帯の画面〉

つきもので、僕も何度か共にその夜を経験させてもらった。二通続いたこのメールはそのサインに間違いないのだ。上田さんは、ポンとなにかを思いついたとき、まず誰かを呼んで打ち合わせを立ち上げる。アイデアを思いついてしまった人間は興奮していて客観的になれていないため、誰かを呼び出してアイデアを伝えて、思いついたことが本当に面白いことなのかどうか判断をしてもらうのだ。僕もよくやる。きっと上田さんは、さっきなにかを思いついたにちがいない。打ち合わせしたくてたまらないはずだ。この企画は今晩の上田誠を観測するのが最大の使命なはずなのに！

でも……でも、僕は東京。京都には行けないんです、なんというタイミングの悪さ……僕は、泣く泣くメールを返したが返事はなかった。

熱帯夜

深夜になった。今頃、役者の誰かが行けない僕の代わりに呼ばれているのだろう。同級生として絆が深い石田剛太か、アニキ肌の土佐和成か、何でもできる後輩の酒井善史か……。作品が浮かび上がる夜に、立ち会えないのは悔しいしもったいない。というより、この夜を記録できていない僕はこのページを成立させることができるのか!? ざわつく東京の夜、寝つけないことを見越し夜中まで喫茶店にいた。そして翌朝、上田さんからメールで一枚の資料が送られてきていた。「ラフスケッチ書いたので参考までに送ります、僕のほうも書けそうなので、このまま書いてしまおうと思います」ですと……。やっぱりそうだ、昨晩は熱い夜だったのだ。ヨーロッパ企画にとってラフスケッチができあがることは、もうほぼほぼできあがったも同然、山でいうと八〜九合目くらいまで来ているようなもの、ここからは作家というより文章家的な脳みそを使う気がする。ラフスケッチの情報を落とさないよう、伝わりやすく、文字のデータにおとしていく作業だ、僕は届いたスケッチをぐぐっと読む。

上部にはこの短編のコンセプトらしき内容がみえる。そして下部、「TROUBLE!!」

〈ラフスケッチ〉

のあたりは、この本の仕掛けにツッコむ台詞が書いてある。「別の本の原稿とまじってます」「(仮) がのこってます」「氷山が水山になってる！」……なるほど、ってことは、この本の制作現場が舞台なんですね、ってことは、ヨーロッパ企画がミシマ社さんを演じる、ということでいいのかな、もしくは、ヨーロッパ企画ができあがった本に対して「えー！　マジかよ！」となる設定なのかな。おお、一番下に「ヨーロッパ企画にコントにしてもらう」の文字が見えるので、やっぱりミシマ社さんを演じるのだろう。左下には「メタ的な仕掛け」と書いてある。F・ブラウン『うしろを見るな』、コルタサル『続いている公園』。読んでいる自分が本の登場人物になってしまっていてヒヤリ……というやつだ。あれをラストにもってくるのか、ふむふむ、たしかにこれしかない感じがする！

おそらく、前の喫茶店の打ち合わせのときからこのラストは上田さんの頭にあったはず、なんで言ってくれなかったんだろう、設定を決めた時点で朧《おぼろ》げながらもラストって見えてくるものでしょうに。にしても、うん、やっぱりこのラフスケッチには、この短編の九割が詰まっている、ってことは台本のできあがりは、もう目に見えていて、これはひと安心……。この台本まだ完成してないけど、こんな作品はあんまり世の中にないんじゃないかな（あったらごめんなさい）。

完成！

僕が台本を書き始めてから、十年くらい経った。当然だけど作品を一番最初に見てもらうのは、まず劇団のみんななわけで、これを見た上田さんはどう思うだろう、石田さんはどう思うだろう、角田さんはどうなんだろう、諏訪さんは……という考えをグルグルさせながら作品を作ってきた。振り返って思うのは、良し悪しはともかく、どれもヨーロッパ企画と出会わなければできなかった作品だな、ということ。同じように、この短編「小さな出版社」は上田さんとヨーロッパ企画とミシマ社さんが出会わなければできなかった作品で、しかも、それがほかに類を見ない作品になっている、という珍しいことになっている。意外と人と人とが出会って珍しいものを作るのは難しい。関わった人同士が「面白い」と思えることの共通項を優先していく結果は平均をとる作業にほかならず、結果、どこかで見たような作品になる、というケースが多いのです。すごくいい出会いなのだな、

このスケッチを眺め終わって、そんなことを思った。

自分なら「小さな出版社」というテーマで何を作るだろう……。ぼんやり考えていると

メールが届いていた。台本が添付されている。……え、早い！　スケッチから台本までの早さがいつもより早い！　実はめちゃくちゃ短い台本なのかな？　思っているような内容じゃないのかな？　無言劇とかになってんじゃなかろうか……？

見るのが怖い。

短編戯曲

「小さな出版社」

登場人物

ナガノ……ミシマ社の社長・三島さん役。
サカイ……ミシマ社の社員役。
イシダ……ミシマ社の社員役。
ト　サ……ミシマ社の社員役。

サカイ　「ヨーロッパ企画の本」、できあがりました！

皆　おおーっ（拍手）。

それは、刷り上がったばかりの「ヨーロッパ企画の本」。
皆、めいめい手に取って、しみじみと眺める。

イシダ　うわ、いいねえ。佇まいがすごくいいねえ。

トサ　ずっしり、詰まってる感じありますよねえ。

ナガノ　ね、これですよ。一冊入魂！　ね。惜しみなく労力を注げば、おのずと本の表情に、にじみ出るわけですよ。（本から）もう、湯気が出てるじゃない。ページの隙間から、著者の気迫が、立ちのぼっているじゃない！

皆、本を眺め、満足げに頷く。

サカイ　ただ、結構ギリギリでしたけどねえ。

皆　うーん。

ナガノ　確かにね、進行はずいぶん、遅れたけども。

トサ　あいつら全然、原稿入れてこないですからねえ。

イシダ　こっちが設定した締め切りを、ウソの締め切りだと思ってますからねえ。

皆　うんうん。

イシダ　そのあとに、真の締め切りがあるっていう、なまじの知識で来ますからねえ。

ナガノ　ないけどね、そんなのは。

サカイ　危うく、ほっとんど白いページの本ができるとこでしたよ。

トサ　エンディングノートみたいな。

ナガノ　まあ、いいじゃない。できたんだから。こうやってギリギリまで作り込めるのも、小さな出版社ならではだよ。

イシダ　そうですね。

ナガノは、本の二ページを開けて。

ナガノ　ね、見てごらん。封じ込めてるよー。金角と銀角のひょうたんのごとく、ヨーロッパ企画を閉じ込めてるよね。閉じ込めた本の中で、ヨーロッパ企画が暴れているよね。……（七ページを開けて）「劇団のはなし」。

皆　はいはい。

ナガノ　（三九ページを開けて）「演劇のはなし」。

皆　はいはい。

ナガノ　（八五ページを開けて）「映像のはなし」。

皆　はいはい。

ナガノ　網羅的だよね。（一一一ページを開けて）「京都のはなし」。

皆　はいはい。

ナガノ　死角、ないよね。（一三三ページを開けて）「メンバーのはなし」。

皆　はいはい。

と、ナガノはページを繰っていくが、イシダはふと気づいて。

イシダ　え、ちょっと待ってください。今なんか、一抹の違和感があったような……。

ナガノ　どういうこと？

イシダ　とても、禍《まが》々《まが》しいものを見たような……。

イシダ、ナガノの本を繰りなおす。

トサ　霊的ななにか？

イシダ　かもしれない。あるいは、それ以上かもしれない。

そしてイシダは、そのページを見つけて。

イシダ　出た、「メンバーのはなし」。……「は」が、「ほ」になってる（一三三ページを見せる）。

見ると、「メンバーのほなし」になっている。

皆　!?

ナガノ　「メンバーの、ほなし」!?

サカイ　（自分の本をめくって）こっちも。

トサ　（自分の本をめくって）なってます。

イシダ　……でたあ。

どうやら、誤植を見逃してしまったらしい。

ナガノ　落ち着こう、いったん落ち着こう。騒がない！

トサ　うーわ、やらかしたー！

イシダ　はあー！

ナガノ　なぜ、こんなことになったの。（サカイに）君ちゃんと、校正回した？

サカイ　回しましたよ。みんなチェックしたじゃないですか。

イシダ　見落としだ。こんなデカい文字が間違ってるわけがないと思うがゆえの。だろう運転がゆえの、見過ごしだ。

トサ　ほらー、バタバタで作るからですよー！

ナガノ　取り乱すな。（考えて）これたとえば、

サカイ　修正シールとか、貼れないだろうか。
イシダ　これ、全部に貼るんですか？
　いやもうあれは、剥がしてその下を見ちゃうやつですから。ミスをしたということだけが、より際立つやつですから。
トサ　うわー、一気に売る気なくなったー！
ナガノ　いかんよ。たかだか誤植じゃないか。一冊入魂！　ね。これ売れないと、次の本、出せないんだから。
サカイ　こう、「意外と気づかれない」ってこと、ないですかねえ。
トサ　いや、気づくでしょう。
ナガノ　気づくんだよね。校正では気づかないのに、製本された途端に、気づくんだよね。
イシダ　僕もたちまち気づきましたからねえ。
　あんなに節穴だったのに。
ナガノ　不思議なもんだよねー。
トサ　「はなし」って、なんかないですかねえ……。
ナガノ　どういうこと？
トサ　いや、「はなし」で押し切れないかと思って。
サカイ　いやあ……。
イシダ　「はなし」っていう何かは、聞いたことないけどねえ。
トサ　うーん
ナガノ　「メンバーの、はなし」。……像を結ばんよねえ。
イシダ　まあ「はなし」だな、ってなりますよねえ。
　と、そのとき、サカイも何かに気が

つく。

サカイ　(本を見て)すいません。これって、あってます?

皆　??

サカイ　六五ページ、なんですけど。

トサ　ええ、怖い怖い。

イシダ　ええなに、また誤植?

サカイ　いや、誤植っていうか、……これ、乱丁ですよねえ(六五ページを見せる)。

そのページは、テキストが斜めにズレて印刷されている。

皆　!!

ナガノ　ずわあ!

トサ　斜めになってる!

サカイ　これは、まずいですよねえ。テキストが、傾いてますもんねえ。

イシダ　終わった……。ミシマ社終わった。

トサ　テキストが、ミシマ社みたいになってる。

ナガノ　縁起悪いこと言うんじゃないよ。傾いてないよ。っていうか何これ。なぜ、こんなことが起きた?

サカイ　さあ……。

ナガノ　今のご時世に、乱丁なんかある?　データ入稿でしょう。

イシダ　(思い当たって)いやあ、でも僕見てたんですよ。ブックデザインの町田さん。あの人、終盤けっこう徹夜してたんで。マウスいじりながら、すごい船漕《ふねこ》いでたんですよ。(こっくりこっくり)こういう感じで。

皆　あー。

サカイ　それで、回転させちゃったんだ。

イシダ　「任意角度回転」しちゃったんだと思います。

ナガノ　ありえるのか、そんなことが。ってい うかなぜ、誰も気づかないんだ。

トサ　いや、気づかないっすよ。字しか見てないですもん。

イシダ　角度の校正とか、しないですからねえ。

サカイ　字は、ギリギリ欠けてないですけど、結構これは、厳しいですよねえ。

ナガノ　(ごまかそうとして）あえてのデザインに、見えんかねえ……。

イシダ　いやもう、乱丁でしょう。乱れている丁でしょう。

ナガノ　わかりやすく言わんでいいよ。なんだ、丁って。

さらに、トサもあることに気づく。

トサ　(本を見て）……ちょっと待ってください。うわやばい。うわ、これはやばい。

ナガノ　何、まだあるの？

トサ　うわこれは、前人未踏。

サカイ　前人未踏？

トサ　うわこれは、空前絶後。

ナガノ　どんなミスなんだ一体。

イシダ　そんなミス、ある？

トサ　角田さんの、マンガのページあるじゃないですか（見せる）。

皆　はいはい。

トサ　(めくって）この一〇〇ページに、こ

れほら。……コーヒーのあと付いて
るんですよ。
見ると、コーヒーカップのあとが丸
く付いていている。

ナガノ　ぬわあ！

イシダ　え、これコーヒー!?

トサ　この丸いの、コーヒーです。

サカイ　描きながら飲んでたんですかねえ。

ナガノ　いやー、彼も、ずいぶん寝ずに描いてたからねえ。

イシダ　誰も寝てないじゃん。

サカイ　気づかなかったー……。

さらにトサは、画がすこし消えているところを示して。

トサ　しかもここほら、ちょっと画が消えてるじゃないですか。

イシダ　あー、たしかに。

サカイ　ホワイトですかねえ。

トサ　これたぶん、クリープです。

皆　！

ナガノ　クリープかー！

サカイ　クリープもこぼしたってことですか？

イシダ　っていうか、クリープこぼしたら、本人気づくでしょう。

トサ　いやあ、朦朧《もうろう》としてたんじゃないですか。

ナガノ　それか、やけくそで入稿してしまったか、だよねえ。

サカイ　ああもう、やぶれかぶれで……。

イシダ　そしてイシダは、思い切って提案する。

ナガノ　これもう、帯かえるってのの、どうですか？　「角田先生の、睡魔との戦いの記録」みたいな。

トサ　なるほど！

サカイ　「コーヒーの染みを、完全収録」！

ナガノ　いや、汚いですよ。

サカイ　ドキュメンタリーにしてしまうというね。

トサ　読者、喜ばないでしょう。

ナガノ　もうじゃあ、さっきの誤植と乱丁も、そういうウリにしちゃって。

イシダ　はい、はい。
「小さな出版社の、ドタバタ入稿の記録」！

サカイ　恥ですよ、そんな帯つけたら。

ナガノ　話題になるかもねえ。

サカイ　なりますよ、逆の意味で。

トサ　いやもう、こういうのは逆手《さかて》に取ったほうがいいのよ。

イシダ　大手にやれないことを、うちはやっちゃうんだから。

サカイ　そりゃやらないでしょう。ミスですもん、ただの。

トサ　ヨーロッパ企画の本なんて、真面目に作るだけ損よ？

サカイ　何を言い出すんですか急に。

イシダ　チンピラなんだから、ただの。

サカイ　吐き捨てるようにちょっと。どこいったんですか、今までの情熱は。

そのときナガノは、さらに決定的な何かに気づいたようで。
震えながら、ページを繰っている。

トサ　……どうしました？

イシダ　（ナガノのページを覗いて）……うわ。

サカイ　（ナガノのページを覗いて）……ええ？

ナガノ　（戸惑いつつ）ちょ、君らも、確認して。……どうなってる？

それぞれ、自分の本をめくって、唖《あ》然《ぜん》とする。

トサ　……七三ページから、八四ページ。

イシダ　……完全に、白紙になってます。

ここは、今はこの台本が印刷されているので、客席には見せない。
が、白紙になっているように演じる。

ナガノ　だよねえ、タブララサだよねえ。……これ、どういうこと？

サカイ　（気づいて）これ、上田さんのページですよ！　書き下ろしの短編コメディ書くって言って、原稿が届いてないまんまです。

皆、思い出してハッとする。

イシダ、本でサカイの頭を叩く。

サカイ　痛った！　はあ!?

トサ　（サカイに怒鳴る）お前これ、やってくれたなあ！

サカイ　僕じゃないでしょう、みんな気づいてなかったでしょう！

イシダ　原稿届いてないのに、なんで校了してんだよ！

トサ　本のど真ん中の一等地にノーマンズランド作って、どうすんだよ！

サカイ　はあ？

イシダ　（ナガノに）ちょっと、どうします？

サカイ　あぶり出し、とかにします？

トサ　いや、あぶり出てこないでしょう、何も。

サカイ　それか、「バカには見えないページ」って言います？

裸の王様じゃないですか。だまされないですよ民衆は。

するとナガノ、なにかを思いついて。

ナガノ　いいや。……今のこれを、短編コメディにしてもらおう。

皆　？

トサ　どういうことですか？

ナガノ　だから、今のこの我々のやりとりを、上田さんに、短編コメディにしてもらうんだよ。で、ハンコ的な何かで、白いページに印刷するんだよ！

皆　……!!

トサ　なるほど。

イシダ　まさに今やったこのやりとりを。

ナガノ　そう！　そうすれば、誤植も、乱丁も、コーヒーカップの染みも。すべて、ネタとして仕込まれてたことになるわけだよ！

皆　おおー！

サカイ　たしかに、それをヨーロッパ企画に演じてもらえれば！

トサ　さも、すべてが狙いだったように見えます！

ナガノ　「ように」じゃない。狙いだったんだよ。出版社にあるまじきトラブルも。我々のこのやりとりもすべて、コメディであり、フィクションなんだよ！

皆、力強く頷く。

しばらくののち、客席に向き直って。

イシダ　（お客さんに）というわけで、今の一連はぜんぶコメディなんで。この本に入っています、誤植や乱丁やコーヒーの染みは、わざとです。

トサ　このミシマ社さんはフィクションなんで、どうか、ノークレームでお願いします。

サカイ　今の台本も、（本を見せて）七三ページから八四ページに収録されておりますので、お買い上げになってお確かめください。

ナガノ　どうも、ありがとうございました。

一同　ありがとうございましたー。

おしまい。

もちろんこのページもハンコ的な印刷ではありません。

3

映像のはなし

暗い旅に出る。

上田誠

たとえば芸人さんや役者さんがテレビに出るということが、村祭りの櫓《やぐら》に登って人気者になるようなことだとしたら、劇団を作って演劇をやるというのは、村のはずれにビールケースで勝手に舞台を作って何か始めるようなこと、に近いです。

櫓に登ろうとすると熾烈《しれつ》な競争を勝ち上がらないといけないし、踏むべき手順やマナーもあって、さらに櫓の上に居続けようと思えば並大抵のことではありません。テレビ櫓だけじゃなく映画櫓や音楽櫓もきっとあって、演劇櫓だってありますが、どれも同じく人が上にも下にも溢れんばかりにひしめいていて、そんな中で長らく櫓に立ち続けている人たちは、本当に屈強でしなやかな超人ばかりです。櫓の上はだからいつも面白く、そして村じゅうに見てもらえる。

そんな面白い櫓を夢中で見て育った僕たちが、なぜだか野原にビールケースを並べて段ボールを敷いて、劇団を始めました。段ボールってことはないけど、でもそんな感じで。櫓にまともに並んでも登るにはずいぶん道のりが遠そうだ、って思ったのもあるし、野原でなら今ここで、今いるメンバーですぐに始められて手っ取り早かった。こっちで愉《たの》しげにやっていればたまには櫓からお呼びがかかることもあるだろう、という楽観もあったし、あわよくばこっちに賑わいができて新しい櫓みたいになれたらカッコいいぞ、という野心だってありました。

今だとインターネットがあって、YouTubeやＳＮＳもあって、何でもすぐ始めてすぐ発表することがたやすくなってるし敷居も低くなっているけど、二十年前は驚くべきことにそうじゃなかったんです。表現って基本的に「プロのもの」だったし、絵を描くにも文章を書くにも、番組のようなものを作るにも出るにも、「櫓」に登らないとできない特権的なことだった（僕らが大学生の頃にネットが隆盛しだしたので、僕らも過渡期にいたんですが）。そんな中で、劇団は「野原から始められる」数少ないこと、でした。

野原から始めるのは面白かったし、本当に好きなようにできた。何をするにもダイレクトに「対お客さん」で、お客さんが面白がってくれれば話題になって動員が伸びる、つまんなく思われれば閑散《かんさん》とする、というのがわかりやすくてよかった。そして僕らは京都という僻地《へきち》で始めたので、櫓からフックアップしてもらえることも、櫓の行燈《あんどん》のまぶしさに目をやられることも初期はそんなにはなく、地道にせっせとビールケースの設《しつら》えをよくし、客席を整え、賑わいを作り、櫓の上にいてはやりづらそうな活動を積極的に選んでやっていきました。なんなら本当に野外に舞台を組んで劇をしたことも初期の初期にはあって、それはでもさすがにコメディをやるには環境があれでしたが。

そうして自分たちで場所を作って始めたつもりでも、お客さんが増えはじめ、東京や各地で公演をやっていくうちに、あの明るく輝く櫓の灯《あか》りが、どうしても目に入ってきてしまうんですね。自分たちの劇が映画化してもらえたり、役者がちょっとずつ櫓に呼んでもらえるようになったり、そこで長らく櫓でやっている辣腕《らつわん》の先輩方と触れていくうちに、「ああ、櫓ってやっぱり凄いものだな」ということが改めてわかってくる。みなさん筋肉が違うんですよ。もちろん僕らだって足腰はそれなりに強くなってるし、スタッフだって分厚くなってるんですが。

そして、劇団の運営ってやっぱり「窓の外の景色を変えていかないと、劇団員が飽きちゃう」ようなところがあって、次はこんな環境、次はこんなステージ、ってステップを重ねているうちに、いつしか知らず知らず、櫓のほうへ吸い寄せられていくんです。見晴らしが少しずつよくなっていくのは快感でもあり、親戚や友だちが喜んでもくれるし、観てもらいやすくなるのは当然望ましいことで。

そうやって結成から十二年ほど経った頃、僕らが学生時代から憧れようにも遠すぎるほど遥か霞《かすみ》の向こうに見えていた劇場で、ようやく本公演をやれることが決まり、さあ来るところまで来たぞ、と鼻息を荒くしたところで、急に言いしれない不安に襲われました。「あれ、ここから先はどこを目指せばよかったんだっけ」と。そんな大げさな、と思われるむきもありましょうが、それだけ僕の中ではそこが大きなランドマークだったんです。そこへ到着したときのことを考えてなかったので、ここからもう景色の変えようがないぞ、とひどくうろたえたのを覚えています。なのに船は加速度を増しているような感覚もあって。そして目の前にはよけきれない氷山がありました。

劇団員に肩を貸してもらうようにして公演をなんとかやり終えたのち、そのことを打ち明けて、しばらく休みをもらいました。こんなときにわが社長と制作は懐《ふところ》が深くて、「まずは健康が何よりだ、劇団のことは当面任せなさい」と夏休みのような時間をくれました。まあ僕がプレッシャーに弱かったということなんですが、でもいつか陥っていたことかな、と今となっては思います。

休んでみてやりたくなったことは、京都で、自前でテレビ番組を始めることでした。もう一度、野原から何かを始めてみようという気分で。それまでにも僕らはいくつかのテレビ番組をやらせてもらってましたが、それらは櫓のシステムに則《のっと》りつつ、櫓の位置エネルギーを利用してやったことでした。そうではなく、たとえばYouTubeで番組を作るように、自分たちでカメラを回して出演して編集してそれを放送する、ということが、京都でならもしかしてできるかもしれない、と思ったんです。吉田さんと一緒に企画書を作って持ち込んだら、ＫＢＳ京都さんが「制作費はありませんが、枠はありますよ」と言ってくださいました。自分たちで完パケ納品すれば放送してくれるというのです。

こうして僕らは再び野原へ出ました。なにせ手弁当なので、カメラは一台、レギュラーは二人、クルーも二人、テロップは一種類、という最小限の装備で始めることにしました。ドラマを作ったりするのはスペック的にしんどいので、「ドキュメンタリーバラエティ」というスタイルでいくことに。ドキュメンタリーならいちばん軽装備で作れるのでね。それでも毎週作るのは厳しそうなので、二週間に一回は新作を作って、あとの一回は再放送、というわがままな編成をお願いしました。そして新しいディレクターを一人、未経験でもいいので情熱と時間のある、安くてもがんばってくれそうなタフな人を探したら、西垣くんという劇団を始めた頃の僕らみたいな人が来てくれました。本当にカメラを持ったことがなく、一回目の収録はちっとも撮れてなくてボツになりました。でも撮ってみてボツにできるというのも自前で作っていることのいいところで。

番組名は、『ヨーロッパ企画の暗い旅』としました。「我々」というバンドに『暗い旅』というタイトルの曲があって、「馬のいななきで目を覚ました　僕は雨の中　となりで眠る君にさよなら　一人で歩くぞ　暗い旅に出る」から始まって「僕しかできない　すべてを生きるつもり」で終わるという、当時の僕の心境をそのまま歌ってくれすぎている歌詞なんですが、曲調が脱力感あってちょうどよく、なので番組のメインテーマにさせてもらいました。

第一回の放送は「裏を見ていく旅」。そこらにある灰皿とかリモコンをひっくり返して「裏」を見ていく、というミニマムな企画です。旅は身近なところにある、というコンセプトなんです。撮ってみると「これは！」というVTRができました。以降、「焼きそばは絶対にうまい旅」「びっくり箱で人をびっくりさせる旅」「バスタブでんぐり返し選手権の旅」「知らんヤツがパーティに来る旅」など、番組タイトルにふさわしいミクロコスモスをそぞろ歩くような旅をかれこれ六年間続けており、いまだに一カメでカメラもいまいち上手くなってませんが、応援してくれる人も少しずつ増え、僕らが何かやるときのファームのような、ガレージのような場所になっています。

僕らはこれからも、暗い旅に何度も出ることでしょう。そして寂しくなったら、櫓の灯りに焦がれたり、櫓の賑わいが恋しくなったりするでしょう（よくなります）。でもやっぱりすべきことは、櫓を目指すことではなく、櫓に背を向けることでもなく、僕らにしかできないすべてを生きること、です。そして「一人で歩くぞ」と言いながら、実はみんなでワイワイと歩いているのでそんなには寂しくない、というのが劇団をやっててよかったなと思うことです。

『ヨーロッパ企画の暗い旅』という暗い旅

西垣匡基《にしがきまさき》

『ヨーロッパ企画の暗い旅』ディレクターの西垣です。

僕は東京でしばらく構成作家をしていたんですが、二十四歳の頃、母親の病気のことがあって、地元・和歌山に戻っていました。もうこういうお仕事はやめて、公務員の研究職を受けてみようと、参考書を買いました。ネット環境も整えねばと、その日に契約してきたモバイル端末で、ネットサーフィンをしていました。

僕も上田さんたちと同じ同志社大学出身で、「学生時代に活躍していたヨーロッパ企画はどうしているのかな?」なんなら「あの学生時代に活躍していた、上田誠は何をしているのだろう」とふとヨーロッパ企画のホームページを見たのです。そこに、「ディレクター募集」の文字が。そしてその日が応募の締め切りでした。

公務員の参考書をマウスパッドにして、メールをうち、面接することになり、なんといきなり上田さんが来て、驚いて、さらに諏訪さんもいて、このあいだ『曲がれ!スプーン』見ましたよ！　と思ってました。

永野さんに下宿を紹介してもらったり、諏訪さんにモーニングに連れていってもらったりして、数カ月。いよいよ、番組作りがスタートしました。ヨーロッパ企画のホームページにあがっていた「企画ある暮らし」という一分くらいの動画がありました。駐車場に落ちているヒモを引き抜いたり、サーティワンのアイスのトッピングを競ったりするのを、携帯電話で撮った超ミニマムな企画です。これを目指そうと。

第一回目の収録は「裏を見ていく旅」。本編でも石田さんが言っていますが、「これで番組になるの?」と出演者も僕らも思っていました。カメラも一カメだし、裏を見ていくだけだし……。だけど、撮影していくうち、さらには編集していくうちに、だんだんと面白さを発見し、こんな番組があってもいいのかな、と思うようになりました。まさにまだ見ぬ面白さに「旅」していくのだなと。

そのように僕はイチから上田さんに教えてもらいました。

上田さんは「演劇と氷山」で、僕のことを劇団始めた頃の僕らのような人、と称してくれていますが、あの頃の僕はそんなうまく作れないし（今もそうですけど）、人に向けて作品や制作物を作るということが何もわかりませんでした。

作品への情熱の注ぎ方。始めの頃の上田さんとの『暗い旅』の編集はいつも徹夜作業でした。夜から翌日の昼くらいまで、納品時間ギリギリまでこだわって、上田さんのお母さんの作ってくれた朝ご飯を二人で食べて、走って編集所に持っていきました。現場の失敗は準備不足によるものと、何度も怒られました（実際は、注意しぃや、くらいの優しいものですけど）。

一年くらい経った頃、ドラマなどの脚本を書くようになったのですが、やはり面白がる点やテーマにするのは、日常にある小さな面白さであったり、ドラマ中でばくばくと食べたりする生《なま》の楽しさで、それは『暗い旅』で発見したことでした。

そこでぶちあたったのが上田誠の壁です。僕は上田さんに教えてもらっているけど、「オリジナルってなんだろう」って。

もともと上田さんの作品が好きで、なにもかなわなくて、いい企画も出せなくて、だけどいつかは上田さんを超えて……けど野心は風前の灯火《ともしび》で……。みたいに思っていたとき、結局アドバイスをくれたのは上田さんでした。

「師匠を何人も持ったらいいよ、一人を超えるのは無理だけど、何人かいればね、アドバイスも半分ずつ聞けるからしんどくないよ」

そこから、僕は大学の後輩と体験型を売りにしたユニット始めたり、福祉施設を巡ったり仏教のことを映画にしたり、自分の趣向と作るものが結びついていきました。これがオリジナルなのかどうかは、わからないですけど。

それからは、少し楽になり、『暗い旅』でこんなこと試してもいいのでは、と「大歳のスケボーを見にいく旅」を企画しました。大歳と飲んでいるときに、こっそりスケボーをやっていることを告白してくれたのですが、イジワルにも旅にしてしまいました。

さらに「ピストル反動コンテストの旅」は、カウントダウンイベントで役者の横山清正くんが、トンでもない迫真の演技でピストルを撃っていたので企画にしました。

また「暗い旅ポータル」というウェブ動画の企画出しでは、上田さんを驚かしてやろう、という感じで、肩の力が抜けて提案するようになり、一分の動画なら上田誠に迫れるかも、という傲慢さも最近は出てきたように思います。

『暗い旅』の歴史は僕たちスタッフの成長記録でもあります。

上田さんの背中を追いかけながら、別の師匠の振る舞いも参考に見て、ふと視線を戻すと、上田さんの背中は、遥か遠く、というか屋根の上とか、なんだか別の場所にいて、そんな上田さんのいく場所が面白そうなので、ぞろぞろとついて見にいってます。

『ヨーロッパ企画の暗い旅』

知らんヤツがパーティにくる旅

裏を見ていく旅（第１回放送）

戦力外ボードゲームトライアウトの旅

ヴィレヴァンと家の境目の旅

KBS 京都

土曜（隔週再放送）
深夜 24:30 ～ 25:00

ヨーロッパ企画が、「まだ見ぬおもしろさ」を地味に自分の足で探すべく、「旅」にでます。「旅」といってもさまざまで、いわゆる「旅番組」のような、実際にどこかへ出かける「旅」もあれば、日常の中のささやかな冒険も「旅」や、まだ見ぬ自分探しのような心の「旅」もあります。

ゆるやかな定義で、毎回「行ったことのない場所へ行ってみる」「やりたかったことをやってみる」という偶然性と発見を重んじた実験的ドキュメントバラエティです。

戦力外ボードゲームトライアウトの旅

タイムトラベラーを迎える旅

収録風景

知らんヤツがパーティにくる旅

旅くんがいく！
上田誠を探す旅
角田貴志

いきなりレアキャラに出会ってしまいました
……
あっ　ここはヨーロッパハウスの庭で自転車はここにとめることになってます
あとちょっとした工作なんかもここでやっちゃいます
杉浦さん　それは何の作業？
……
さっ作業に夢中のようですね
ちなみにこの芝生は『暗い旅』の企画でみんなで植えました
そしてここがヨーロッパ企画の心臓《しんぞう》部、通称「はなれ」
マネージャーの吉田さんや制作の井神さんが働いています

ではでは暗い旅クルーに会いにヨーロッパハウスに潜入しましょう
わっ
ドン
西村さん
ごめんなさい大丈夫ですか?
あぁ旅くん大丈夫大丈夫
あのー今日、『暗い旅』の収録で
上田さんはどこに
またね
あーっいそがしいー
なんだかみんないそがしそうだなぁ
ひ
西村さんは台所でなにか作ってるみたい
ひー
ぼくは旧二階にあがってみます

ここが
通称「旧二階」
会議など
メンバーが
集合する
のは主に
この場所
なんです
諏訪さん、上田さん
いませんでした?
いやぁ
今日は
見てへん
けどなぁ
それより
ゲーム
やろうや
旅くん
いやぁ、ぼく
用事あるんで
こっちのみなさんは
何してるんですか?
ラジオ
録ってん
のよ

あれ？ 石田さん『暗い旅』の収録は？
西垣が上田がつかまらないから始められないいって
みんな上田さん探してるなぁ
ほほう・・
てゆうか旅くんラジオ出てよ
ラジオドラマの声優が足りないのよ
主役 永野
ライバル 土佐 通行人A
仲間 いせむ 通行人B
この通行人Bっていう役です

いやいや無理です
お芝居なんてしたことないです
よし!! じゃあ稽古《けいこ》しよう
せっかくやし立って動いてみよ
立ち稽古のほうがイメージつかみやすいかもね
えー
ちょっとしたコントとかならここで稽古しちゃいます
少人数の打ち上げとかもここでやるよね
もとは畳《たたみ》部屋だったのを自分たちでリノベーションしました
やっぱり遠慮《えんりょ》しておきます
えー
上田さん探さないと…
わっ!!

旧二階の階段は急やし気ぃつけや
あぁ本多さん言うのおそいですよ
上田さん知らないですか？
新二階にあがってくの見た気がするんにゃけど
新二階へは工場の奥にあるハシゴ階段をのぼります
ここも気をつけないと
新二階またの名を映像部屋
『暗い旅』もここで編集してます
あれ？淳太さんだけですか
あーさっき西垣さんが撮影機材持って出ていきましたよ
え〜どこ行きました？
近所でロケしてるんちゃうかなー

なんだー やっぱり もう 始まってた かー
あ!! ヨーロッパカー がない!?
ブロロ…
あら!? かえって きた
酒井さん もうロケ終了?
ロケ? 買い出しに 行ってた だけやけど
じゃぁ西垣さん どこ行ったんだろ
はい これも 運んで
黒木さん
おう
西垣やったら そこに おったで
西垣さん!?
はい なんで しょうか
暗い旅… っていうか 上田さん は?
あー
上田 さん…
チロル ちゃうかな

チロルか!!
COFFEE
チロル
猫背
猫背
いた!!
上田さん!!『暗い旅』どうなってんですか!?
……
これ
これ
これが今回の旅!?

てなわけで 今回の旅のために ヨーロッパハウスに 戻ってきました
どうも
三島さん!? 新居さんも!!
お二人も 旅に?
もちろん
みなさーん 飲みもの どうぞー
酒井の 柚子《ゆず》胡椒《こしょう》 からあげ できました
みんな このために 準備してたんだ
カメラ まわりましたー
どーも 石田でーす
カンパーイ!!
『ヨーロッパ企画の本』出版記念パーティの旅!!
旅くん 旅くん
今回の旅は こちら!!
おしまい

ヨーロッパ企画作品解説 その2・映像作品

諏訪雅

作品解説その2でございます。その2で紹介するのは「映像作品」です。

メンバーそれぞれが監督となり、短編映画を撮って、観客投票でグランプリを決める「**ショートショートムービーフェスティバル**」(二〇〇四年〜)を長年やっていることや、大見さんや淳太といった映像スタッフに恵まれたこともあり、劇団でありながら、映像制作にも積極的で、テレビ番組やウェブドラマ、短編映画まで、幅広く関わらせてもらっています。

とは言っても、最初に紹介するのは『**サバディ**』(二〇〇一年)ですかね。これは「ヨーロッパ企画」(二〇〇一年)というコント公演をやったときに、幕間をつなぐ映像として作られました。「サバディ」という架空のスポーツの実況中継という映像コントなのですが、生のコントよりもウケるという事態が起こりました。一瞬客席で爆発が起きたかと思ったら、この映像による笑いだったというのは、今でも印象に残ってます。

テレビ番組では過去さまざまなチャレンジをさせてもらいました。

『**26世紀フォックス**』(二〇一四年、フジテレビ)では上野樹里さんをゲストに迎え、CG全盛の時代でありながら「NO!CG」を掲げ、手作りを愛する映画制作会社が舞台の、SF短編映画のオムニバスドラマでした。評判も良く、続編もすぐに決まり、ATP賞奨励賞という素晴らしい賞も受賞しました。

同じチームで**『一旦、カメラ止めようか?』**(二〇一五年、フジテレビ)も制作。今度はユースケ・サンタマリアさんと三上真奈アナが、情報番組のロケ中に、一反もめんや意志をもつ家電などのオカルト現象に出会うフェイクドキュメンタリー風のコメディでした。

「水曜どうでしょう」の藤村さん嬉野さんプロデュースで**『ヨーロッパ企画です。』**(二〇一一年、HTB)というテレビ番組と、コントDVDを制作しました。過去のヨーロッパ企画の短編コント**『イカダに俺の乗るスペースがない』**(二〇〇三年)や**『4人』**(二〇〇一年)などをスタジオ収録し、映像作品にしました。**『ヨーロッパ企画です。2』**も制作中でして、こちらはスタジオで

『イカダに俺の乗るスペースがない』

『サバディ』

はなく、**『もぐら』**や**『西遊記』**など、ロケコントが中心に収録される予定です。

『雨天中止ナイン』(二〇一四年、テレビ東京)は、雨が数年降り続く世界、雨のせいで野球ができない草野球チームが、雨音をききながらひたすら「インドア遊び」に興じるという話でした。「おぎやはぎさん、かもめんたるさんと一緒にコメディをやるなんて!」とビビりまくりでした。

『インテリワードBAR 見えざるピンクのユニコーン』(二〇一五年、BSジャパン)では、普通に生活しててあまり聞き馴染みのない難しい言葉「インテリワード」を扱ったコント番組を作りました。東京03さん、夏帆さんと一

緒に「インテリワード」を学んでいくという設定でした。ラジオ番組**『ヨーロッパ企画の試験放送』**の「難語万歳!」(二〇〇八年)という一コーナーで「インテリワード」を扱った企画はありましたが、ようやく納得のいく形になったなという感じです。

「永野本多の劇的ラジオ」(KBS京都)のラジオドラマのコーナーから生まれた**『タクシードライバー祇園太郎』**(二〇一一年、Eテレ)は、角田さんが描いたキャラクターを紙人形劇にして、NHKのオーディション番組を勝ち抜き、レギュラー番組になりました。

　角田さんの書いたキャラクターは**『キョートカクテル』**(二〇一四年、LaLaTV)や**『趣味の

『ゴッホ』　『4人』

趣味の園芸グリーンスタイル©NHK

園芸グリーンスタイル~京も一日陽だまり屋』**(二〇一六年、Eテレ)でも大活躍です。

　とまあ、年一回の本公演以外はほとんど映像制作をしてるんじゃないかな、というくらいに映像仕事が多くてですね、ヨーロッパハウスの映像部屋は機材とハードディスクで溢れかえっております。

映像小話

ヨーロッパ企画の映像制作は、この二人が欠かせません！
どういうことをしているのか、ちょこっと語ってもらいました。

山口淳太

アニメ制作の中で、作画監督と呼ばれる役割があります。大勢のアニメーターが描くキャラクターは、描く人によって微妙にタッチが異なる場合が多く、それらを整えるのが作画監督の仕事だそうです。僕の役割はそれに近いかなと思います。

ヨーロッパ企画の映像制作は、公演のDVDから、テレビ番組、WEBドラマや、劇場公開作品など。媒体が様々なのも特徴の一つです。また、各作品によって監督やスタッフ編成もバラバラ。そんな中で僕は、完成形を予想しつつ、スタッフを組んだり機材の選定などをコーディネートします。自分で監督するときはいいのですが、役者が監督をする場合、監督のやりたいことを最優先して、不完全な形でできあがってしまわないように気をつけます。スタッフに対しても同じです。

制作予算が潤沢にあることはほぼないので、その中でみんなが絶対に損をしないように意識してやっていますね。

大見康裕

当時お付き合いしていた女性が第十五回公演『ムーミン』をたまたま観劇して、彼女に勧められるがままに映像スタッフとして参加し、ヨーロッパ企画との仲が深まるにつれ彼女は僕の元から去って行きました。不思議なものでそれから十数年、本公演での映像やヨーロッパ企画のTVやイベントなど映像スタッフとして制作しております。

本公演での映像は台本ができてからの発注になるので、いつも本番ギリギリになることが多くスピードが求められます。とくにプロデュース公演ともなると映像を多用することが多く、ある程度作る内容は決まっているものの、上田くんが演出など決まり余裕が出てきた頃に映像に目がいくので、そこから追加や修正の連続でたいがい劇場入りする前日に付きっきりでできたものから見せて朝を迎えることが恒例ですね。

4

京都のはなし

「場所」から生まれる。

上田誠

　劇団で二年に一回「ハイタウン」というフェスをやっています。二〇一二年から始まったこのフェスは、京都・木屋町にある「元・立誠小学校」の校舎や講堂を使ってやる、いわば大人の文化祭のようなもので、ゴールデンウィークの数日間、ヨーロッパ企画をはじめ知り合いの劇団や役者さんたち、東京や各地からのゲスト、芸人さん、ミュージシャン、手作り本やアートグッズの作り手、カレー屋さんやピザ屋さん、などがワッと一堂に会して、演劇やイベントやライブやアートマーケットを各部屋で同時多発的に繰り広げあう、「オモシロ学研都市」を標榜しております。

　それの三回目となる「ハイタウン２０１６」が先日四日間にわたって行われ、連日まあ愉しくて、大勢のお客さんにも恵まれ、数多《あまた》ある演目を息もつかせぬままこちらの息もつけぬまま無酸素ですべて上演しきって、終わってもう（これを書いている時点で）一週間ほど経つというのに今なお冷めやらぬ熱の中にいる、という「ハイタウンロス」を引きずった状態です。

　いい大人がそれも自分たちの企画でロスなんて恥ずかしいけど、本公演だとそうならないのに「ハイタウン」だとそうなるから不思議で、これは何か新しい種類の熱気なのかな、などと考えています。久々にヒット企画を出せた気分って言いましょうか。

さて劇団なのになぜ「フェス」をしようと思ったかというと、それはきっと「場所」にまつわることをしたかったからで。

演劇って「場所から始まる」ものだと僕は思っていて、ヨーロッパ企画が始まったのも、同志社小劇場のクラブボックスにウマの合う仲間が集まりだしたことからだし、同志社小劇場を出たあとも、僕の実家である上田製菓の空き部屋が新たなたまり場となって、ゲームをしたり遊びで映画を撮ったり銭湯や心霊スポットへ行ったり、そんな弛緩《しかん》した日々から劇団の風土がじわじわと醸成されていき、初期作品もそこから何本か生まれました。『サマータイムマシン・ブルース』（二〇〇一年）とか『ロードランナーズ・ハイ』（二〇〇二年）なんてのは、まんま僕らの当時の暮らしぶりを描いたような話です。

そして「上田製菓」を根城に劇団活動する、というスタイルはその後もずっと続き、工場の一階でラスクを焼く僕の両親を囲むように、離れ部屋には劇団のオフィスが、二階にはミーティングルームと映像編集室が、工場の空きスペースを充填するように設えられ、劇団のほぼすべての動きが、この「ヨーロッパハウス」と呼ばれる、劇団事務所と焼き菓子工場の奇妙なキメラ的集合建築から生まれていきました。

会議もするしタタキ（舞台装置などを作る作業）もするし、撮影のスタッフルームにもなるし、時にはちょっとした稽古もします。町内行事（区民運動会や地元のお祭り）があるときには、劇団員も駆り出されて参加するし、その模様はドキュメンタリーバラエティとして収録され、自前の番組『ヨーロッパ企画の暗い旅』にて放送されます。それを編集するのもヨーロッパハウスです。

他によく打ち合わせに使うのはご近所の喫茶店「チロル」で、ここは理解あるおばちゃんのご協力で、ロケ地としてヨーロッパ企画のあらゆる作品に出てくるし、拙作『曲がれ！スプーン』の舞台であるエスパーが集まる喫茶店のモデルにもさせてもらいました。ファンの方が来てくれることも多く、おばちゃんが「ヨーロッパ企画ノート」を置いてくれていて、僕たち作家陣はそこから励ましを得ながらチロルでまた執筆をします。

稽古場で長らくお世話になっているのは、四《し》条《じょう》烏《からす》丸《ま》近くの「京都芸術センター」。ここも元・立誠小学校とおなじく廃校を利用したアートスペースで、京都の演劇人たちは、この場所を創始した先人たちの余沢をおおいに受けて稽古に励んでいます。本当に願ってもない環境で、ここをなくして僕たちの腰を据えた創作は成り立ちません。

などと挙げていくとキリがないですが、そんなふうに、演劇や劇団って「場所を必要とする」し「場所を由来とする」もので、デスクトップやオンラインではない「実空間」から農作物のように生え育つのが劇だなあ、と思っているんです。

なのでもちろん土が違えばできるものも違うし、土地代が変われば作り方も変わる。そして僕らはたまたまですが京都で生まれた劇団で、ヨーロッパハウスやチロルや京都芸術センターを畑にして劇を育む、というやり方に長じてしまったので、願わくばこの農法でこれからもやっていきたい気持ちです。とくに小劇場の世界では、東京からできる劇が圧倒的に多いので、僕らはそうじゃない作物を作るのが多様性があってよさそうですし。

そして、そんなふうにして穫《と》れた農作物を各地へ出荷する、ような気分があるのが「ツアー公演」です。

僕らの本公演は、最近だと十都市近くを巡るけっこうな規模のツアーになってきてるんですが、劇場ってそういう「劇を、各地で同じように上演するプラットフォーム」としてすごくよくできているなあ、と今さらながら感じています。

もちろん劇場によって個性や表情は違うんですけど、それでも僕らの劇が「どこへ行っても(それなりに)同じように観てもらえる」のは、劇場という仕組みの賜物です。そうして僕らは、本公演を持って各地を巡り、土地から生まれた農作物を、土地から切り離して別の土地で上演します。そのときに生まれる、舞台上と客席の「電位差」みたいなものが、劇のインパクトにもなり、旅公演で劇を観てもらう愉しみのひとつです。たとえばインドからやってきた劇団を、地元の劇場で観ると思うとドキドキしませんか。

旅公演の面白さ、劇場のよさってそういうことかなって思っていますが、その一方で、田舎道などにある「農作物直売所」や「道の駅」みたいなことがやれないかな、と思ったのが乱暴に言えば「ハイタウン」を始めた理由の一つです。その場所で作ったものをその場所で観てもらう、っていうことですね。考えようによってはこれは、劇のいちばん贅沢な楽しみ方かもしれません。インドの劇はインドへ行って観るとより濃い観劇体験になりそうだぞ、という。空気中のターメリックの匂いを嗅ぎながら劇を観るような体験、ですね。

「ハイタウン」をやる場所は、先ほども書きましたが、今は小学校としては使われなくなった「元・立誠小学校」です。京都・木屋町の街なかに建っていて、文化施設としての用途もあるこの場所は、僕らがフェスをやるのにおあつらえ向きでした。京都に住んでいる劇団や演出家たち、そして遠方から来てくれたゲストたちが、京都に滞在しながら稽古して、ハイタウン本番の数日前には、この元・立誠小学校に大挙して「小屋入り」します。そうして各教室や講堂で、めいめい学園祭の準備でもするかのように演目を仕込みます。ここでしか上演しない、よそでは上演する予定のないものなので、心おきなく「この場所に合わせた」作劇ができます。たとえばサイズ感とか、学校の雰囲気や地形を利用したりとか、地元の役者さんに参加してもらいやすかったり、とかね。

劇を作ること以外にも、この教室は映画館にしよう、とか、この廊下は写真を展示するギャラリーにして、とか、そんなふうに「場所ありき」でお祭りを盛り付けていきます。いろんな人たちが集まってきて準備するので、それらは相互作用を生み、「廊下づたいに聞こえてくるあの劇、面白そうだなあ」とか「隣の部屋にうちら負けてないか」とか、面白さの競いあいのシナジーを加速させます。

やってみてわかったことですが、これが何よりひとところに集まってフェスをやることの面白味かもしれません。単独公演だと、理想の劇を追いかけて作るようなストイックなところがありますけど、フェスだと「隣がやってること」が気になるという。そして小学校という絶妙に廊下に反響がかかるシチュエーションも、噂を巡らせ熱を高めあうのに一役買っているなあ、と思います。

そうしていよいよ開幕を迎えると、そのシナジーにお客さんの声も加わり、さらにはその日限りのゲストや飛び入りゲストがイベントを賑わせたりと、まさに「場所から始まる」祭りがぐんぐんとエネルギーの渦《うず》みたいなことになっていきます。小学校でフェスをやるとこんなことになるんだな、って思ったのが初年度でした。以来、熱に浮かされすぎて終わったあとのロスがひどいので、会期の中盤ぐらいから備えてはいるんですが、それでも終わったあとは体温が上がって耳がじんじんする感じになります。これは運営側の僕たちだけのことかもしれませんが。

「ハイタウン」はそういう、場所をまるまる発熱装置にしたようなお祭りで、「場所から生まれたエネルギーを生かしきること」「場所にエネルギーを巡らせること」というのは、劇団としての新たな興味ごとです。毎年やっていると体がちょっともたないこともあり、やるならまた二年後の開催となりますが、機会があればぜひ足をお運びください。そして次はどんな場所からどんなものを作ろうか、と考えるのがファーマーとしての歓びです。

「ハイタウン 2016」にて上演した『メビウスコメディ』(上田誠 作・演)

元・立誠小学校に突如出現した本屋さん「西村ブックセンター」。
こちらも「ハイタウン 2016」にて

西村ブックセンターの開店準備

NISHIMURA BOOK CENTER

2年に一度、京都の元・立誠小学校で開催されるヨーロッパ企画の文化祭的な都市型フェス「ハイタウン」で産声をあげた「西村ブックセンター」は、名前の通り、西村直子が店長を務める架空の本屋さんです。ブックセンターと言っておきながら売っているものは、本屋さんで販売されているような書籍ではなく、店長が「このひとの作品を読んでみたいなぁ……」と思ったヨーロッパ企画関連のメンバーや、外部の気になるアーティストの方々に「ちょっと、本作ってほしいんですけど……」と低姿勢な精神でお願いしている、いわゆる自費的な本（オシャレなひとはZINEと呼ぶ！）が並ぶ本屋さんです。架空と言いましても、2014年から年に 1、2回のペースで、今までに5回、京都と東京の、いわゆる本屋さんではない場所（小学校や劇場）で開店してきました。

ちょっとしたライフワークになりつつあるいま、毎回、前回の開店時を思い出しながら、ひとつ失敗しては、ひとつ改善されるという程度の進歩で、このたび、5回目にしてレジが導入されましたが、自分の中で、まだまだ、ごっこ遊び感が否めないのです。

じゃあもしも「西村ブックセンター」が実店舗を作るとしたら？　今回、ブックセンターのページを作るにあたって、お店ってどういうもの？　という疑問を解消すべく、せっかくミシマ社さんから本が出るんですから、イラストレーター、本屋さん、出版社さんと本に造詣が深く、わたしがリスペクトしている御三方にお話をお聞きしよう、と思い立ったわけです。

架空の本屋が実存するには、いったい何からはじめなきゃいけないのでしょうか？

多田玲子さん

一九七六年福岡生まれ。多摩美術大学美術学部彫刻科卒業。イラストレーター。

私の周りにはもともと多田さんのファンが多く、普通に、いちお客さんとして個展に通っていた憧れの存在でした。西村ブックセンターを始めるにあたって、多田さんのZINEがお店にあったら素敵だし、なによりもみんな喜んでくれるよね、と、勇気を振り絞ってお誘いしてみました。以来、欠かさず参加していただいていて、毎回、キャラクターのチャーミングさとユーモアのセンスに溜息を吐いています。

なんでブックセンターを始めたか

西村　私が多田さんの描くものが好きすぎるあまり、「多田さんのZINE《ジン》を置かせてください!」って突然ご連絡したんですよね。

多田　全然面識はなかったんだけど、嬉しかったです。それから『ちいさいアボカド日記』という漫画を置いてもらうことになったんだよね。そもそも、西村さんはなんで「西村ブックセンター」をやろうと思ったの?

西村　イベントのとき、何かやれと一部屋まかされたんです。それで、やるんだったら、本屋さんかなあと。私、実家が文房具屋さんなんですけど、目の前に本屋さんがあって、よくそこで留守番してたんです。お手洗い行くから見といてみたいな感じで。

多田　本屋さんに入り浸ってたんだ。

西村　そう。読むのも好きなんですけど、店番してて、みんなが本を読んでいるのを見てるのもいいなって思ってた。それがあって、本屋さんを提案したんですけど。うーん、あとは、本っていうもの自体が好きなのかもしれないです。紙がたくさんある空間が好きなのかも。

多田　でも既製の本を売るんじゃなくて、「みんな、本作って」「マンガ描いて！」ってなったのが面白いよね。

西村　ヨーロッパ企画の人たちって、たくさん物を書いたり映像を撮ったりしてるのに、一部でしか知られていないのがもったいなくて、もっと広がればいいなと。あとは普通の本は仕入れられないな、と思って。

多田　仕入れるとかきっと大変だよね。出版社に「西村ブックセンターと申しますが」って電話かけたり……。

西村　社会性がないんですよ、自分に。言葉遣いとかもちゃんとできない。でも知ってる人には「作って」でいいから（笑）。

多田　「よろ！」でいけるもんね。私も社会性があまりないです（笑）。

どういう流れで卸してる？

西村　お店に本を卸すときは、どんな流れなんですか？　もともと知り合いだったとか、ファンだった方とかもいるんですか？

多田　半分くらいがファンの方だったり面識のないお店で、半分くらいは知り合いのお店ですね。

西村　このお店に出すのはいやだなとかはありますか？

多田　あんまりないです。大概ＯＫですよ。ただ、私がすごいあほだから納品忘れちゃうことがあって、「このお店の名前聞いたことある……」「前、納品してって言われてたところだ！」「あ、一年経ってる！」みたいな。「すいません、お久しぶりです！　今から納品します～」って急にメールしたりする。

西村　向こうは、どんな感じ……？

多田　「いいですよ」みたいなことが多いかなあ。でもたぶん、こういうＺＩＮＥとかを注文してくれる人って、社会性がない人を扱うのに慣れてるのかも。

西村　ということは、私が社会性を身につけなくちゃダメということですね。

多田　いや、大丈夫。もし作家さんが遅れたり忘れたりで謝ってきたら、「大丈夫、その気持ちわかるよ～」って扱ってあげるのがいいんだと思う。「遅れるよね、忘れるよね、あるある」って感じで。

西村　なるほど。

なんでＺＩＮＥを作ろうと思ったの？

西村　多田さんは、どうしてＺＩＮＥを作ろうと思われたんですか？

多田　西村さんがブックセンターをやりたい気持ちとちょっと似ていますよ。もともと「鉄割アルバトロスケット」っていう劇団の手伝いしてて、脚本家の戌井《いぬい》昭人《あきと》さんの書くものが大好きで。今は小説家としても活躍されているけれど、そのもっと前、戌井さんの文章は本当に良いから、「脚本だけじゃなくてお話いっぱい作ってください、それを本にしてみんなに見せましょう」と言ったんです。そしたら「いいよ〜」って、毎日三話くらいのすごい短い話を送ってきてくれて。それを「いいね〜最高！」って褒めてたくさん書いてもらって、溜まったときに、私が絵をつけて本を作りました。それがＺＩＮＥ、というか自分で作った一冊目です。カバーを取った文庫みたいな形でしおりもつけて……。そこからかな。

西村　へえ〜〜。

多田　その後は、本を作りたくてというよりかは、流れで。こんなのが今あったら嬉しいかしら、という感じで作っています。だから、自分の展示のときに作ることが多いですね。

西村　そうか、なりゆきなんだ。

多田　あ、でも、本を作る人になりたいとは思ってました。

西村　小さい頃からですか？

多田　うん、小さい頃から。印税って言葉に憧れてて（笑）。でも全部自分で作るとなると、印税とか関係ないからさ。結果的には自分でウィーンガシャって印刷して、ホッチキスでとめたりするか、自分で入稿データ作って印刷会社に頼む、っていう単に本当に自力で本を作るだけになりました。

西村　本を作りたいってことは、ただ絵を描くことだけじゃなかった、ってことですよね。

多田　そうですね。展示に来た人に何かお土産を持ち帰ってもらいたかったのかな。あと絵だけを描いてると文字も書きたくなる。文を書くのも、話を考えるのも好きだなあ、と今は思います。

『ちいさい
アボカド日記1』
多田玲子

加地猛さん

100000t《ジュウマントン》アローントコ

京都市中京区寺町御池上る上本能寺前町485 モーリスビル2F

西村ブックセンターを開店するときには毎回出店していただいている、京都市役所横の古本・レコードの店「100000tアローントコ」。古本・レコードとうたっているものの、なぜか古着やプロレスラーのマスク、ドライフルーツなど、なんでもアリな店内はおおらかでどこかつかめない雰囲気の店主、加地さんの人柄を表しているかのようです。そんな自由でラフなお店づくりをブックセンターでもしてみたいなぁと、リスペクトの意を表して、加地さんとお話ししてみました。

はじめはレコード屋を作ってた

西村　加地さんがお店を開店するときに、準備したことって何ですか?

加地　本屋として答えたらいいの? 俺は。

西村　本屋として。

加地　「レコードと本」って、この形態めずらしいでしょ。誰も注目してくれへんねんけどな。めずらしいと思わへん? というか俺、はじめはレコード屋を作っててん。

西村　自分一人でですか?

加地　友だちと二人でやってて。本めっちゃ好きな子に、東京行っちゃうから全部引き取ってほしいって言われてんけど、けっこう量あって、しゃーなし引き取ったから並べてみよかって。ほんでこの、本とレコードが半分半分の方式になったの。

西村　じゃあはじめは全部、その友だちの本がならんでたんや。

加地　そう。オープンしたとき、レコードもやけど、全部値札ついてなかったんよね。そのとき俺あんま本とか読んでなかったから、本の値段とかようわからんくって、お客さんが会計に持ってきはって「これなんぼ?」「……百円?」みたいなことを言うてたんよ。適当に。

西村　適当に言ってたんですか。

加地　けどその引き取った本、実はめっちゃいい本ばっかりやったんよ。それを百円とかほざいとるふざけた店ができたでって一気に広まってん。わーって。それでこれはやばいなと思って、慌てて本のこと勉強して。

西村　じゃあ始めはレコード屋やったんや。

加地　そうそう。いまは断然本のほうが好きなんやけどね。

西村　何が変わったんですか?

加地　おもろいやん、本。いろんな本とか雑誌でも、「本ええやん」って言ってるやん。で、俺も、本ええなーって。

油断してたな、にっしゃん。

西村　お客さんは、本見にくる人が多いですか?

加地　いや全然、レコードやね。本はやっぱり食っていけるほどの量は簡単には売れへんっていうので、本とビールとか、本と何かを合体させる形態が出てきてると思うけど、全然本あてにしてないで、俺。実はあんまり売れんでいいのよ。レコードでやってる。

だから、本買い取るときも、俺がめっちゃ

ええやんと思う本に惜しみなく、俺が買うくらいお金出せんねや。そういうのに囲まれときたいだけやねん、言うたら。だから、そんなに売れやんでもいいけど、テンション上がっていってほしいってのはある。ほんまそれだけでうれしいもん。

西村　売れても悲しい気持ちにはならないんですか？

加地　別にならへんな。ぐるぐる常に動いてる感じもほしいからさ。なかには面白いなって思ってくれる人も何人かはいて、本買っていくからね。動くは動く。

西村　そんな気持ちやとは。

加地　そやねん、ごめんな。実はレコード屋でしたみたいな。油断してたな、にっしゃん。

西村　いやいや。そんだけ本に愛着もってるんやって思いました。

加地　そうやねん。読めたらいいやって昔は思ってたんやけど、今は物として欲しいから、めちゃくちゃ買ってるねん。

西村　買うときの、その、選ぶ楽しみってあるじゃないですか。

加地　あの買うときの楽しさってなんなんやろね。三冊くらい買ったときとか、なんかね、清々するもんね。「ざまーみろ」みたいな。

めちゃくちゃ忙しくて休みない

西村　一日の動きを教えてください。お店は十二時オープンやけど、来るのは何時？

加地　十二時。窓開けたらはじまりやな。開けてからは、常に店出しですよ。わりとこう、ずっと座ってボーッとしてるってよう言われるんやけど。

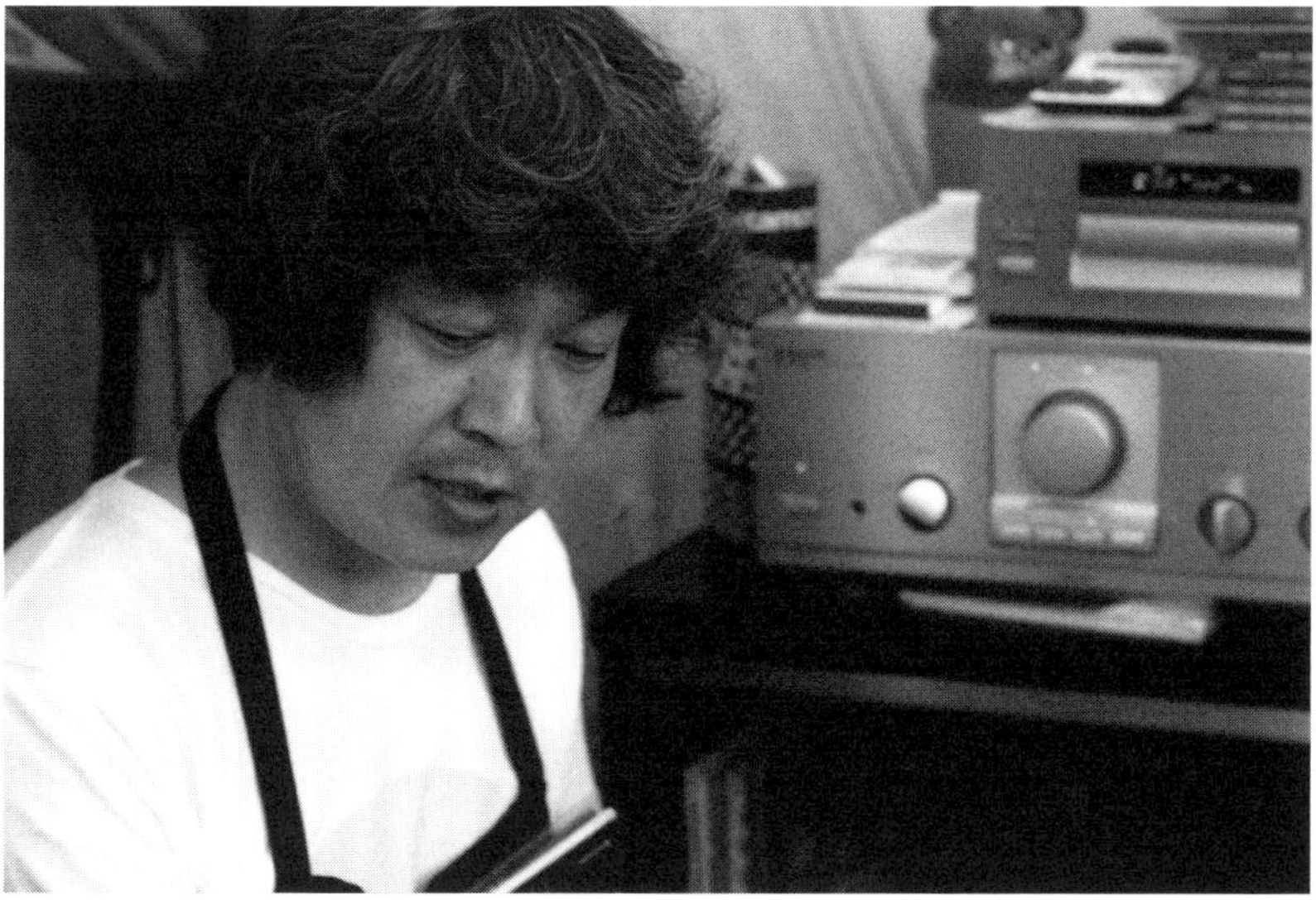

西村　ってことは、毎日来ても必ず新しいものがなにか出てるってことですか?

加地　絶対なんかあんで。たまにダレて、一週間くらいなんもせーへんときあるねんけど、だいたい常にずっと出してる。若干安いかなっていう値付けやから一気に売れて一気に減るのよ。常に出しとかんとだめなんよ。

西村　なんも品物ないとか思われたらいやですもんね。

加地　そうや俺な、休みないねんで。これにっしゃんに言うとこうと思って。ほんま、休んだらあかんねん。食っていかれへん。

西村　アルバイトの人もいてるのに?

加地　うん、いるよ。店番やってもらってる間に、俺は買い取りに行ったり、倉庫の整理したり、いろいろあんねん。

西村　めちゃくちゃ忙しいんや。

加地　めちゃくちゃ忙しいねん、ほんまは。でもこう、SNSとかに漏らすことって、「あー コレおもしろ」って思ったことやん。でもそれを言うと、こんなしょうもないことをわざわざ得意げに発表してくるってことは、あいつはほんまにのらくらしてんねんなっていう印象がつくねん。それはしゃーないねん、どうしてもそういうのって言いたくなるからね。でもほんまはめっちゃ仕事してるからね。

西村　なんで定休日つくらないんですか？

加地　定休日のぶん減るやん、売り上げ。いろいろ支払いがあるからさあ。みんな金払えって言うてきよるやんか。

西村　何にそんなにお金使うんですか？

加地　えー、家賃とか、電気代とか、税金とか……いろいろ、払いなさい、払わへんかったら差し押さえやとかすぐ言うてくるねん。なんちゅう世の中やって感じやで。そういうのを今どんどん学びつつあるねん。四十三歳やけど。

西村　手元に残るお金はどうなんですか？

加地　手元に残らへん、お金。

西村　えっ？

加地　手元に残らへんのよ、俺。ちょうどなくなんねんよ。「あ、ちょっと余裕できそうやん今月」って思ったら何かが起こってちょうどなくなんねん。ほんま俺呪われてるか何かやで。全部ちょうどやねん。

西村　お店続けるの大変やなーって思うことはないですか？

加地　うーん、ないかな。離陸して考えることないからな。埋没してるというか。その過程で、こうやって笑かしてくれたらそれでええやんって思うけどな。

ミシマ社・新居未希

この本の担当編集者・新居《あらい》さんと初めてお会いしたのは、ヨーロッパハウスでの、ミシマ社さんとのお鍋の席。お芝居をしていて、編集者さんという職業の方に出逢う機会はそうなく、緊張しながらみんなの会話を聞いていたのですが、不意に新居さんが「私も多田玲子さん好きなんです」とおっしゃられて。その一言で、あ、このひととは友だちになれそうだなぁと、思ったのでした。

西村　あのー、なんでヨーロッパ企画の本を作ろうと思ったんですか？

新居　え！　ヨーロッパ企画のおもろさをもっと知ってほしくて、ですねぇ。知ったら絶対にしあわせな気持ちになるよ!!　とめっちゃ思ってるんで。

西村　えー、そうかなぁ、なんか恥ずかしい（笑）。いつヨーロッパ企画を知ってくれたんですか？

新居　学生の頃です。はじめて観たのが『あんなに優しかったゴーレム』で、ひと目惚れでした。

西村　うれしい。ミシマ社にはどうして入ったんですか？

新居　代表のミシマの本を読んだ勢いでメールしたのがきっかけです。大学時代からお手伝いしていて、卒業後に入社しました。

西村　すごい、一直線や。

新居　あ、でも就活もしたんですよ。ミシマ社が新卒採るなんて思ってなかったので。電車好きやから阪急電鉄受けたりもしたし（笑）。

西村　まさかの鉄子（笑）。今は何人で働いてはるんですか？

新居　京都に五人、東京に五人の計十人です。

西村　ヨーロッパ企画より少ない！　編集者さんって、具体的に何をしてるんですか？

新居　ブックセンターと一緒ですよ！　企画を作って、著者の方に「本書いてください」ってお願いしたり、スケジュール管理をしたり、全体の舵取り役です。

西村　絶対一緒ちゃう！（笑）　休みの日は何してるの？

新居　うーん、本読んでるか映画観てるか、あと飲みに行ってるかですね。味のある居酒屋とか好きなんです。

西村　うそやー、意外やわ。

新居　じゃあ今度は飲みながら、ブックセンターでこの本をいっぱい売るための作戦会議しましょっか！

西村　いいね！　ていうか、ブックセンターで販売しちゃっていいの？

新居　当たり前じゃないですかー！

一九九〇年生まれ。同志社大学文学部卒。好きな食べものはいちじく。

ヨーロッパ企画の京都案内

上田誠「バー・サマータイヨウ」

二条駅前にある気の張らないバーでして、二軒目行きたいねえ、みたいな少し盛り上がった夜に劇団員でよく行くお店です。マスターと僕がじつは昔の同級生でして、そのよしみからいろんなロケでお店を使わせてもらったり、出会ったお客さんとひょんなことからグッズ企画が生まれたり。最近ではここで働いていた大学生の男の子が、縁あってうちの映像スタッフになりました。行けば思わぬことが起こる、胸ときめく場所です。

石田剛太「京都大学吉田寮食堂」

京都大学の吉田寮内にあるライブや演劇の会場として使用されている食堂です。ヨーロッパ企画もよく公演を行っていました。隣の厨房では軽音サークルが練習をしていて、本番がある日は音出しを控えてもらうという通称〝音止め〟をするのですが、一組だけ連絡が取れていないバンドがありました。バンド名は「首刈り族」でした。公演本番の日にやってきた首刈り族のリーダーに、びびりまくりで音止めをお願いすると「僕いま携帯止められてて。こっちが悪いし、いいっすよ」と理解ある発言。首刈り族が優しかったという思い出です。

酒井善史「わかくさ公園（正式名称：姉《あね》坊《ぼう》城《じょう》児童公園）」

ヨーロッパハウスから一番近くにある公園。『ヨーロッパ企画の暗い旅』などで少し広めの屋外の撮影となると、まずここが候補に挙げられます。小ぶりの遊具がいくつか配置されているだけの、シンプルな公園。わりと空間も広いので、使い勝手がとてもいい。ウェブ版の「暗い旅ポータル」では、「ビームを防ぐ旅」「やたら長いピコピコハンマーで殴られる旅」「ツイストで悪口を消す旅」などの名作が生まれた場所です。

角田貴志「ART COMPLEX 1928の向かいのタリーズコーヒー」

アトコンが「ギア」専用劇場になる前は、ずっとここで公演やカウントダウンイベントをやっていました。本番前は客席を通らないと表のお手洗いに行けないので、裏口から外へ出て向かいのタリーズコーヒーのお手洗いをお借りしていました。ご迷惑だったと思います。すみません。そのタリーズも最近リニューアルされ、さらにオシャレで素敵なお店になっていました。もうジャージでお手洗いはお借りできません。

諏訪雅「CUMR FOOD TRUCK」

神出鬼没、ピザのフードトラックです。美味しいピザというのは「飲める」らしいんですが、ここのピザはまさに飲めるピザ。車の中に本物の石窯があり、できたてピザがお手軽に楽しめます。京都精華大の授業で知り合って、「ハイタウン」に呼んだのが最初でした。美味しすぎてまた食べたくて、でもどこで出会えるかわからないという不安から、積極的にイベントに来てもらったりしてます。

土佐和成「安井金比羅宮」

時間を見つけては京都市内にあるいろんな神社を巡るのですが、今一番通ってるのがココです。ヨーロッパ企画が制作した紙人形人情劇「タクシードライバー祇園太郎」にも登場するんですが、悪縁を切り良縁を結ぶと言われている神社です。僕はどちらかというと良縁を結ぶというほうに気持ちのほとんどをおいて参拝させていただいてます。碑も良縁を結ぶほうにだけ向けてくぐりたいくらいですが、バチがあたりそうなのでどっちもくぐってます。

中川晴樹「同志社大学新町別館小ホール」

大学三年のとき、同志社大学新町別館小ホールに演劇集団Qの公演を観に行き、本多くんの存在を知り、そこで突然話しかけてきたのが同志社小劇場の玉田くんで、彼に誘われて観に行った公演に石田くんが出てて、上田くんは音響やってて、その数年後に玉田くんの推薦で『苦悩のピラミッダー』にゲスト出演し、玉田くんはその後就職して、僕はそれ以来ヨーロッパ企画にいるので、同志社の新町別館小ホールと玉田くんはけっこう僕の人生の分岐点になってる。

本多力「同志社大学新町別館小ホール」

自分の初舞台の場所でもあり、同期の上田くんや石田くんと出会って仲良くなった場所でもあり、諏訪さんとチラシ貼りまくった場所でもあり、客席に中川さんを見つけた場所でもあり、ヨーロッパ企画では第三回公演『戦う』をはじめ計四回公演した場所でもあり、酒井が舞台美術の裏に相合傘書いた場所でもあり、高校生のときに同志社小劇場を観に来て永野さんを初めて観たのもこの場所でした。

永野宗典「天下一品 二条駅前店」

みんなでラーメン食べながら、学生時代、「十年経ったら解散公演やな！ 第何十回公演とかダサいし」とか、言ってたのを今でも覚えているし、ミュージシャンのイルリメさんそっくりの店長は、いつの間にか世代交代していなくなってるし、最近は、健康診断の結果の話をしたりして、「歳とったなあ、僕ら」と思った。ここで何杯のこってりラーメンを食べてきたことだろう。それを想うと胃もたれと共に、なんだか泣けてきやがる。

西村直子「トロン温泉 稲荷」

ヨーロッパメンバーが「トロン行く」と言ったらこの場所のことで、高校卒業してすぐの頃、右も左もわからないままヨーロッパ企画に入り、上田製菓に下宿させてもらうことになって初めての京都暮らし。上田製菓から一番近い銭湯ということもあって、その頃は、昼でも夜でもみんな一緒にいて、何かしらいつも人がいる状態だったので、よくみんなと連れ立って行ってたし、それも新鮮で。でも、たまに無性に一人になりたい気分のときもあったりして。そんなときに行ったのもトロンでした。

5

メンバーのほなし

スキゾフレニックな役者たち

上田誠

ヨーロッパ企画には役者が九人います。石田剛太、酒井善史、角田貴志、諏訪雅、土佐和成、中川晴樹、永野宗典、西村直子、本多力。男優が八人で女優が一人、決まりではないですが劇団の風土からみんな本名、表記するときはアイウエオ順。そうして集合写真やプロフィール写真でずらっと横並びになるさまは、言い方あれですけど窓辺に並んだキン消しやボトルキャップみたいで見ていて好ましいです。

僕は役者を引きで見ているようなところがあって、とくに舞台作品においては、水槽やジオラマのような空間にキン消しを配置するようにして劇空間を作っていきます。舞台って顔が見えないじゃん、って思っているところがあるんですよね。僕の目が悪いというのもあるかもしれません。感情の機微とか艶《つや》っぽさを見せるには、映像のアップにはとてもかなわないような ところが舞台にはあります。その代わりロングショットでパノラマを作れる、っていうのが舞台ならではのアドバンテージだと思っていて、だから僕は役者にはキン消し的、ボトルキャップ的、将棋の駒的な佇まいでいてほしい。フェチ的なところも少しあると思います。公演のチラシもだから、顔のアップとかよりは箱庭的な写真にしがちです。

とはいえ一方で、役者は役を演じるのみにあらず、面白いパーソナリティであってほしい、演出家の意図をそのまま体現するよりは個性を放ってくれる人でいてほしい、というアンビバレンツな気持ちもあって。漫画家が描いたキャラクターが紙を飛び出して机の上を動き回り、漫画家が狼狽《ろうばい》するあの感じです。役者と演出家の関係は、そういう入れ子めいたセクシーな主従関係が望ましいと思ってます。飛び出す絵本みたいな劇が作りたいですよね。

そしてそれは劇の外でも言えることで、役者にはメンバーとして、輝く個性として屹立《きつりつ》していてほしい。劇団のいち役者として凝り固まるのではなく、めいめい動きたい動き方をしたり、クリエイティビティを放って、それぞれの活動領域を内外に切り拓いてほしい。もともとギュッとしやすい劇団なのでね。その結束感は得がたいんですけど、僕が脚本演出をして役者がそれに出て、だけではいずれ煮詰まるだろうし、ときには役者メンバーがプロジェクトの旗を振ってもいい。誰かが外に出ていく時期があってもいいし、劇団の中でやりたいことをするのもいいし。そうやって各人らしい動き方をそれぞれがすることで、劇団全体の運動量が上がればいいなって。たとえば芸人さんってピンとか二人組だけど、僕らはその何倍かいるので、運動量もそうならないとなんですよね。

なおかつ僕らは、劇団でありながら企画集団で、「作り手」の部分が妙に発達しているようなところがありました。役者たちにも役者でありながら裏方気質、作り手体質の人が多く、映像制作やウェブ企画にも早くから馴染んでいたし、役者業よりもそっちについ魂を燃やすようなこともありがちで。また学生劇団にいた頃は役者とスタッフワークを兼ねていたので、その流れで初期の頃には舞台美術や舞台監督、制作といったスタッフパートを（危なげではありましたが）役者でほとんど賄《まかな》っていた。さらには京都で劇団をやっている、というのも影響しているかもしれません。東京だと役者は役者、スタッフはスタッフで専門化されているような雰囲気がありますが、地方だとそのへんシームレスだったりして。ローカル局のアナウンサーが取材から原稿書きからときにはＶＴＲの編集までやらないといけない、ああいう感じですね。そんな環境も手伝ってか、ヨーロッパ企画の役者たちは、役者以外の領域へもぐいぐいと踏み分け、思い思いにスキゾフレニックな進化を遂げてゆきました。

たとえば諏訪という男。僕の先輩でありヨーロッパ企画の発起人で、初期にはプロデューサーのような立ち回りをしていました。役者をやりつつチラシを作り、宣伝をし、学生テレビ局に話をつけて学内で流すＣＭを作り、と体軀《たいく》に似合わず精力的な動きぶりでしたが、スタッフセクションが充実した今でも「何かしら作れる役者」の旗振り役として、公演パンフの編集をし、映像の脚本演出をやり、小粋なミュージカルを演出し、写真を撮ればコラムも書くし、iPhoneアプリを作りさえします。ヨーロッパ企画の「企画」部分のほとんどは諏訪さんだと言えるほどです。過去には、野外劇を企画したものの強風でテントが煽《あお》られて台詞が聞こえなかったり、ベニヤ板八枚分のどでかい立て看板を作って道に法律にかかるほどの大きな日陰を作ったり、こないだもラジコンロボが出てくるドラマを撮ろうとしてロボがいまいち動かなかったりと、企画倒れも数々ありますが。

あるいは角田という男。二〇〇四年にやった役者オーディションで入団したんですが、面接のときすでに「イラストや絵を描けるし役者もやってみたい奴」ぐらいの風情《ふぜい》で現れました。僕らも純然たる役者さんというよりは「役者プラスアルファ」な人を求めていたし、募集要項も「過去に作った何らかの作品を持ってきてください」というものでした。角田さんは自分で描いた「絵」を持ってきて、それが入団の決め手になりました。役者としていいかどうかなんて出会ってすぐには正直わからないし、というか一緒に演じていく中で育まれていく集団的な技術が大事だと僕は思っていて（もちろん個人の領域も大いにありますが）、それよりは僕らにはない何かを持っている人と一緒にやりたかった。そして角田さんの絵は、僕らとの掛け算でとても良いことになる、という予感がしたんでした。今では僕らの表現のあらゆるところで角田さんの絵が活躍してます。チラシで、書き割りで、ペープサートで。そして役者としては半妖怪的なポジションをいまだ貫いている角田さんです。

酒井くんは工作が好きで、自宅に所ジョージさんの「世田谷ベース」を何百分の一かにしょっぱくしたようなスペースを構えています。初めの頃は舞台美術をやっていたんですが、ある公演でラジコンを改造してラジコンロボを作ったことをきっかけに電子工作に目覚め、そこから各種ロボット（という名のラジコン）を作ったり、作家のせきしろさんに引き上げていただいて「サカイ発明センター」なる連載をスタートさせたり。そしてこの発明を武器に、あろうことか情報カルチャー番組のレギュラーを勝ち得、本当に所さんの前で珍発明を披露するに至りました。ただスキルのほうは甚《はなは》だ心もとなく、百均グッズで作ったロボットを披露したときの所さんとたけしさんの表情は凪《なぎ》のようでしたし、先に諏訪さんのところで書いたいまいち動かないラジコンロボも酒井くんの仕業です。

けっこうこれ劇団員のことを褒めていく感じになって照れくさいので駆け足で参りますが、石田くんはラジオ好きが高じてパーソナリティをしており、『イシダカクテル』という恋愛ラジオドラマはアニメにもなり、恋愛ショートドラマを年間四十本書く男に一時期なってました。不会うたび「恋愛のエピソードない？　どんなことでも膨らますから」と聞かれたものです。不条理好きの永野さんは独白を主体にした不条理ムービーを撮り、それを発展させた「永野宗典不条理劇場」ではメタ演劇をやったり人形劇をやったりと、独自の不条理街道を突っ走ってます。土佐さんは二〇〇四年のオーディションに来て、正直チャラッとした怖い感じだったのでお断りしたんですが「やっぱり入りたいです」という謎のメールを送ってきて「そういうことでしたら……」と僕らも謎の対応をして入団したという人です。この調子でどこへ行ってもふらりと溶け込み、今では一番あちこちに出演が多いかもしれません。そして「週刊！ヨーロッパ2」というウェブラジオを二年間やるなどすっかり劇団の顔です。

本多くんも役者度数が高く、テレビドラマに出演する一方で「ブンピカ（京都大学文学部控室）」の劇に出る役者をこの人以外に僕は知りません。最高の両輪であり振り子であることでしょう。カッコいいし羨ましいです。中川さんも生涯役者を貫く感じを出してましたが、最近ふと撮ったショートムービーが賞をもらったことをきっかけに、急に映画映画言い出してちょっとなという感じです。二作目ではヤクザもののBLを撮って入賞を鮮やかに逃してました。そして西村さんは、もともとハンドメイドや雑貨が好きで、数年前から「西村ブックセンター」という不定期開店の本屋さんを始めました。自分で本を作る、とかではなく人に作ってもらってそれを売る店をやる、というのが独特だなと思います。独特と言えば西村さんは雲を消せる特技を持っていて、『ヨーロッパ企画の暗い旅』でこれを追いかけたときはまさに雲を摑むような回になりました。

こんな人たちが劇団という箱庭で、思い思いにぴこぴこ動き、仕事し、時にははみ出したり喫茶店でうだうだしているのがヨーロッパ企画です。先ほど役者の技術は集団的なことだと書きましたが、まさしくそうで、十何年も同じ顔ぶれでやっていると、さすがにお互いの凸凹や馴染み方、この人とこの人が絡むとこうなる、みたいなことが何となくわかってきました。が、フィールドが変わると話は別で、今や各メンバーが作品を作り、お互いがそれに出たり関わりあうわけなので、そこから生まれてくる作品群の玉石混交ぶりは、さながらカンブリア紀の組み合わせ爆発のようです。それは言いすぎですけど、さらにスタッフや作家やディレクターもいて、その人たちが出演したりもするからなおさらことは複雑で。とはいえ多様性があるのは愉しいことだし、いつか進化と淘汰の果てに、思いがけない素敵なフォルムの作品や、楽園のような時間や、悪夢のような何かが生まれることを思うとどきどきします。

さて僕は僕で、なおのことフリーキーに進化せねばなりません。もうじきこの人たちみんなが出る本公演の季節です。

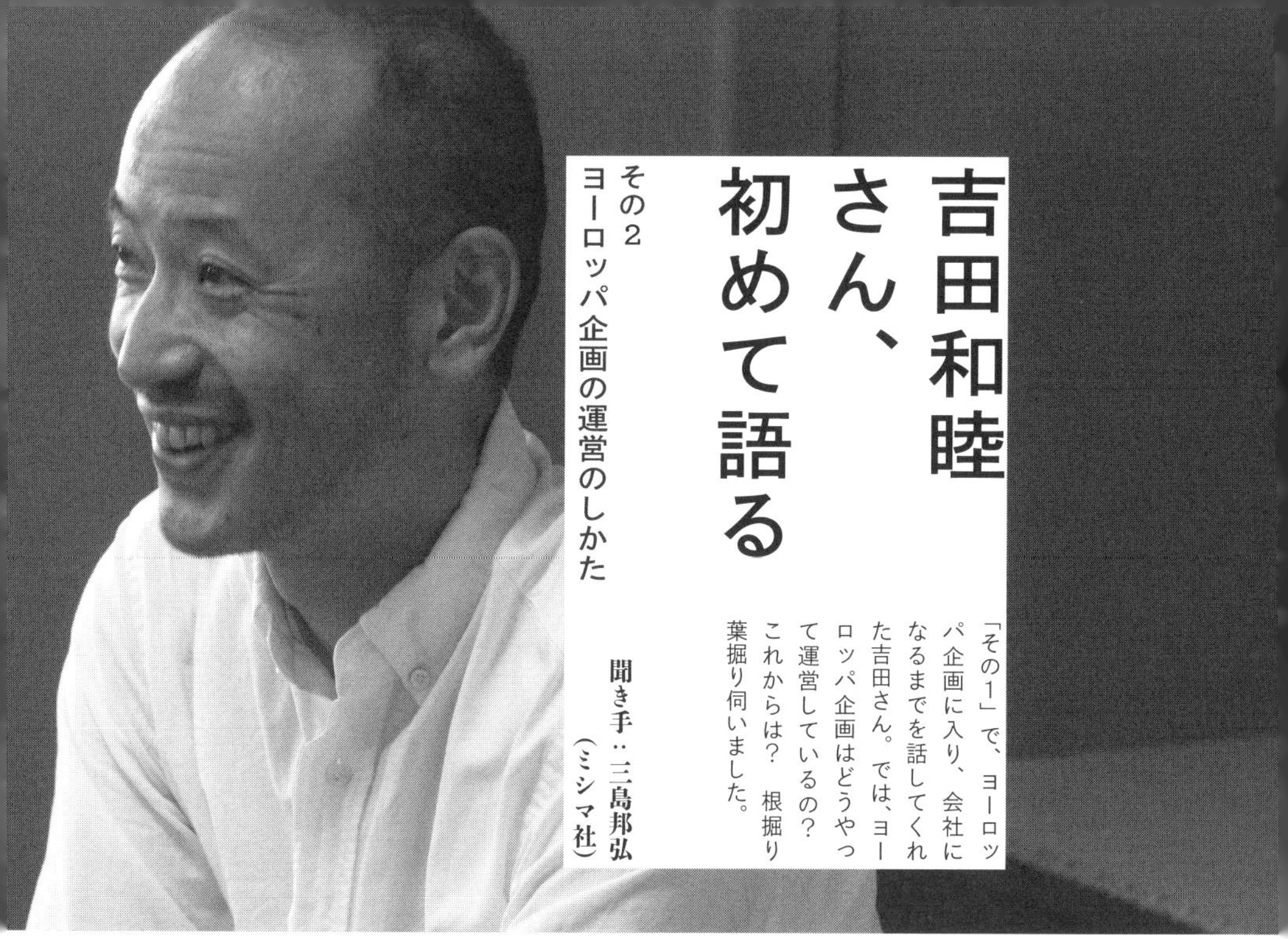

吉田和睦さん、初めて語る

その2　ヨーロッパ企画の運営のしかた

「その1」で、ヨーロッパ企画に入り、会社になるまでを話してくれた吉田さん。では、ヨーロッパ企画はどうやって運営しているの？　これからは？　根掘り葉掘り伺いました。

聞き手：三島邦弘（ミシマ社）

運営面は完全に分担

――ところで、ヨーロッパ企画は給料制ですか？

吉田　役者ってハングリーなものなので、やればやるほど儲かるというふうにしないとダメだと言われ、歩合にしています。そのあたりも出口さんに教えてもらいましたね。

――上田さんとの役割分担は、どうなってるんですか？

吉田　運営面において、僕は完全に上田くんと分担してるんです。お互い中身は知ってますし、「こうしたほうがいいんちゃう？」とか僕も意見しますけど、最初は上田くんがやりたいことをいかに実現できるかが仕事です。

――それは羨ましい関係ですね。今後の方向性などについて、話し合われたりすることはあるんですか？

吉田　それこそちゃんとしないと。僕なんかは「お互いわかってるやろ〜」みたいな感じがあるけれど、上田くんはわりと定期的に、根っこからやらないと不安がるんですよ。たとえば「今僕たちが京都にいて」という図を書き出して、「東京があって」「これを今僕らがやる意味はなんですか」と（笑）。

――なるほど。

吉田　「また始まった！」と思うんですけど、やっぱり「ここで話聞くんが俺の仕事や」と思ってグッと聞く。

――編集者顔負けです。

吉田　メンバーの石田くんもずっと聞いてますよ（笑）。僕は本公演の中身にはあんまり入らなくて、上田くんはメンバーにそれを求めるんですよ。順番にシフト組むんです、上田くんに付いて話を聞くために。「今日は酒井くん」「明日は石田くん」みたいな感じで。

――そうなんですか！　マンツーマンで？

吉田　マンツーマンで話聞いてあげて。

――吉田さんの一日はどういう感じなんですか？

吉田　うーん、マネジャー的にドラマの現場に行くときもあるし……。

――マネジャー業は、お仕事の何割くらいですか？

吉田　三割はいってると思うんですけど。

――全役者さんのマネジャーを吉田さん一人でやっているんですか？

吉田　はい。そうなんですよ。

――九人も……どうやってるんですか!?

吉田　ひたすらExcelにスケジュールを打ち込んでいくという感じです（笑）。とにかくダブルブッキングだけはしないように、怖いから。

舞台は儲からない!?

──マネジャー業が三割やとしたら、あとの七割はどんな感じですか?

吉田　あとは三割が舞台、三割が映像と制作、一割が物販とかですかね。今はレギュラーでけっこう番組を作っていて、映像の部門が育ってきたので経営的には助かっています。やっぱり、舞台は儲からない仕事なんで。

──そうなんですか!? でもヨーロッパ企画のチケットって、安くないですか?

吉田　そうなんですよ。みんなが高いのはいやなんで。無駄な経費を使う必要はないんですけど、やっぱり必要なことにはお金をかけてます。あと超労働集約型なんですね、舞台の期間は人手がたくさん必要なので、

──そうですよね。短期間、この一カ月だけで、というものですもんね。

吉田　そうなんです。その移動費とか宿泊費とか、運搬費とかね、お金がかかるので。

──『来てけつかるべき新世界』は十カ所を回られるとのことですが……。

吉田　好きなのかもしれませんね。各地に行くと、またそこで広がりができるというか。たとえば、福岡ではずっとラジオの番組を作ってるんですけど。

──石田さんは「こちらヨーロッパ企画福岡支部」って番組をされてますね。

吉田　福岡や広島でやるようになったのは、もう十年近く前になると思います。ライブハウスツア

ーみたいなことをやっていた時期があるんですよ。舞台セットはライブハウスで組めないので、映像をスクリーンに流して、その前でみんながお芝居をするという。そのときにはじめて福岡に行ったんですけど、福岡の制作会社さんが観に来てくれて「すごい面白いから一緒にやろうよ」と言ってくださって。それで次の年から福岡公演ができるようになったり、その制作会社さんが広島を紹介してくださって繋がったり……ちょっとずつ広まっていった感じです。ちょっと無茶すると出会いがあるというか。

――「無茶すると広がる」という。

吉田　なんかね、どんどんみんな貧乏になっていった公演だったんですけどね。

――（笑）。

最初の表現を応援する場を作りたい

――ここからまた違う展開は考えられたりしてるんですか？

吉田　そうですね……やっぱり、場は作りたいなと思っています。誰もが最初から劇団☆新感線さんになれるわけではなく、小さな劇場でいろいろ試して、ちょっとずつ大きくなっていく。最初の表現を応援するようなことをしたいなと思ってるんです。

――楽しみですね。

吉田　前に、「カフェ・ド・念力」というカフェを三カ月間限定でやったことがあるんです。二十人しか入らないところだったんですけど、毎日イベントができるので、そこで生まれた企画もあって。でもこれを恒常的にやるには厳しいやろうなあと思いますし。

――吉田さんが今の仕事をすべてやりながらやるのはきついでしょうね、さすがに（笑）。

吉田　そうですよね、「カフェ・ド・念力」をやるときもそんな話ありました。「吉田さん、そんなんに時間取られる余裕あるんやったら、こっちのほうやってくれたほうがいいんじゃないか」とか（笑）。

――えー！（笑）でもたしかに、吉田さんにかかっているわけですもんね。

吉田　だからみんな僕の健康とかをめっちゃ気にしてくれるんですね（笑）。

――吉田さんが劇団にとってお金の「入口」ですもんね。

吉田　ああ、そう言われると、あんまりお金のこと考えてる人いなかったから、さみしいときはありましたね。とにかくみんな作るのは好きなので、作るんです。けど、それがどう世の中につながるか、これをどうお金に変えるかはね、「みんな作るなぁ、けどこれ、どうするよ……」と（笑）。まあ、それでいいと思うんです。

――それはでも、みなさん幸せだと思います。

吉田　でもとにかく数を作ることはやりたいですね。失敗してもうまくいっても、作った努力だけは残る気がしていて、数だけはとにかく作ろうと今でも思ってるんです。

そういう意味では、会社組織にして永続的にそういう仕組みを作れるのは本当によかったなと思っています。それが信用になっていきますし、積み重なっていくので、会社って便利な道具やなって思うんですよね。

本多力と飲み明かす夜

ゲスト：前野朋哉さん

前野朋哉（まえの・ともや）

1986年生まれ。岡山県倉敷市出身。大阪芸術大学芸術学部映像学科卒。映画監督、俳優。

本多力です。以前ヨーロッパ企画のホームページで「本多、すべてのバーで」という、いろんな人にバーに連れて行ってもらって、お酒を飲みながら話す連載をしていました。その連載をしていたのが、三十歳になる前のこと。それ以降バーにもちょっとずつ行くようになり、サシ飲みも好きになり、気がつけばあと数年で四十歳になりました。そして今回、メンバーのにっしゃんこと西村直子に、この本でこの企画を復活させないかと言われまして、そのときに思い浮かんだのが前野朋哉さんでした。

役者を何種類かに分けたとき、必ずや同じカテゴリーに入るであろう前野さん。しかも監督もされているので、役者と監督両方の目線を持っているのも興味深いなと。せっかくなので、こういう機会じゃないと照れちゃってなかなか聞けない演技のこと、現場でのことなどを、計四杯のお酒を飲みながら酔いという鎧《よろい》を着込んで伺いました。ひょっとしたら同じ悩みなんかがあるのかなという、淡い期待も抱きながら……いざ乾杯!!

一杯目　シークワーサービール

本多　前野さんとは、二〇一五年の一月、映画監督の石井裕也さんに呼んでいただいた新年会で、初めてお会いしたんですよね。

前野　そうそう、それで僕ね、本多さんにお会いした第一声目に「死ね」って言われたんですよ。

本多　ええー！　言ってない、言ってない！（笑）

前野　いや、言われましたよ（笑）。

本多　あのねえ、一時期、オーディションを受けた役とかいいなーと思う役を、だいたい前野さんがやっていたんですよ。

前野　え、そうなんですか⁉　なるほど、それで僕「死ね」って言われたんだ。

本多　（笑）。

前野　三島有紀子監督の『しあわせのパン』で、本多さんが郵便局員の役をされていましたよね。僕はそれを観て本多さんを知ったんですけど、そのあと同じ三島監督の『ぶどうのなみだ』という映画で、二代目郵便局員をね、僕がやらせてもらったんですよ。しかも髪型が本多さんと同じで。

本多　うんうん、観させていただきました。それでまた「くそぉっ」ってなりましたね。そういうのが積み重なってからの……

前野　「死ね」ということですね。

本多　いや、「死ね」じゃなくてね、「死んでください」だったと思う、敬語でね！　しかもそんなきつい感じじゃなかったですよね、にこやかな感じで！　いや、どっちでも最低ですけどね……。

前野　満面の笑みでね！（笑）

本多　なんというか顔のね、系統が似てるというか、近しいものを感じていたんですよ。そのあと、前野さんが監督をされた「ゴーストレート」というドラマに僕も出していただいて。まだ共演経験はないんですよね。

二杯目　マティーニ

本多　お会いする前は、前野さんはもっとぽわーんとした感じの方だと思ってたんですよ。でもわりと情熱的な方ですよね。

前野　お酒飲むととくに、酔っ払って気が大きくなっちゃうんですよ。

本多　僕もです（笑）。前野さんは、はじめは役者と監督、どちらをやろうと思っていたんですか？

前野　とにかくはじめは、映像に関われたらいいなという考えで芸大に入ったんです。中学の頃、センシュー座っていう地元岡山・倉敷にあった映画館に通っていて、映画がすごく好きだったんですよね。でも潰れちゃって。お客さんが来ないのに加えて、近くにおっきいシネコンができて、もう一時期むちゃくちゃそのシネコンを恨んでましたね。センシュー座を潰しやがって、俺はもう二度と映画を観ないぞ！　と。

本多　その場所も好きだったんですね。

前野　そのシネコンには通わないと決めたはずが、半年くらいで挫折して通いはじめるんですけど（笑）、中学三年生で進路を決めるとき、なんかふとそのシネコンの前にあるフードコートで「映画に関わる仕事ができたら楽しいなあ」って思ったんですね。そこからかなあ。だから、たとえば映画雑誌でも、映画に関われれば何でもよかったんです。

本多　ほんまに映画が好きやったんや。

前野　そのときはただ漠然とした考えでした。そこから大阪芸術大学に入り、映画監督をやろうと思ったきっかけは、完全に石井裕也監督です。

本多　大学の先輩なんですよね。

前野　そう、二個上の先輩です。映画を作りたいなと思ったのは、石井裕也監督の卒業制作『剥き出しにっぽん』に照明助手として関わってからですね。その『剥き出しにっぽん』のときのメンバーが今も常に先を走って、前にいる感じです。

三杯目　キウイモヒート

本多　大学時代から監督も役者もやり、という感じだったんですか？

前野　石井裕也監督が憧れだったので、やるなら監督だと思ってやろうとしてみたところ、スタッフや役者を集めることがまず困難だったんです。じゃあ役者は自分でやろうかなと。

本多　役者をやろうとは思ってなかったんだ。

前野　微塵《みじん》も思ってなかったです。役者の楽しさに味をしめたのは、石井さんの『剥き出しにっぽん』の撮影のとき。照明助手をしてたんですが、ワンシーンだけ役者としても出たんですね。そしたらワンシーンしか出てないのに、エンドロールに「前野朋哉」と名前が載るわけです。石井さんの作品を死にかけながら撮った照明助手の前野朋哉と役者としての前野朋哉、二つ名前が流れて、「あれっ、これおいしいな……」って思ったんですよね。

本多　ええー！（笑）

前野　もちろん、いい映画だったっていうのがすごく大きいんですよ！　こんないい作品に関われたんだと、今でも記憶に残ってて。

本多　(笑)。僕が前野さんの存在を知ったのは、『脚の生えたおたまじゃくし』という、前野さんが監督・主演をされている映画でした。監督もやって主演もやってんねや—、って。

前野　あれも、役者を探してはいたんですけど……。ずっと映画作りを一緒にやっているカメラマンがいるんですけど、あるとき彼に「お前は役者やれ」って言われたんです。僕に監督の才能がないことを彼は十分に知っていて、でも役者で売れたら監督ができるからって。その前後で石井さんにも同じことを言われました。そのとき、僕もすごく迷ってたんですけど。

本多　役者か監督か、どっちかにしようと。

前野　内心、監督でやっていきたいという気持ちもあったけど不安もあって。そんなときに二人が、役者はやれと言ってくれたので、それがすごく大きいですね。それで今、俳優もやらせてもらっています。

本多　役者のときはどんな感じで臨んでいますか？　僕は自分のことを知らない方ばかりの現場に行くことが多いから、とくに長期間の撮影のときは、いい雰囲気を作れるようにいろんな人に話しかけたりします。一発の演技でコロッと空気を変えられることとかないから。

前野　ないんですか？　あるでしょう！

本多　ないない、滑舌《かつぜつ》悪いヤツ来たなあってなるだけ(笑)。そいつがとっつきにくかったら嫌じゃないですか。あんなに滑舌悪いのに、普段全然しゃべらへんで、みたいな。

前野　それは……最悪ですね(笑)。僕は、なんというか毎回、現場に一人は必ず気になる人がいるんですよね。だからその人にとりあえず話しかけて、いろいろ聞きます、どんな感じなんですか？　とかいって。

本多　同じ感じのことやってる！（笑）

四杯目　マッカラン

前野　四杯目に何を頼むかはじめから決めてたんです！　これね、すっげぇ煙草とあうんですよ。

本多　……俺煙草吸わないですよ！（笑）　前野さん、役作りとかはどうしてるんですか？

前野　いや、僕はあんま……作ったところでできないというか、スキルがないんですよね。

本多　あるでしょう！　めっちゃいろんなんに出てるじゃないですか。ａｕのＣＭの一寸法師も。

前野　あれはすごい、現場があったかくて。監督も役者さんもみんなで「こうしたほうがいいんじゃないか」とか考えてくれて、すごくウェルカムな現場でした。でも一回目はものすごくテンパってしまったので、編集の方のおかげです。記憶ないですもん。

本多　そうなんや！（笑）すごい面白かったですよ。

前野　二回目の撮影からは、一回目のときに受け入れてもらえたという気持ちがあったから、焦ったりせずにできましたね。

本多　現場の人たちが、みんな作品をよくしようという方向に向かってたら、そういう気持ちのいい現場になるんですよね、きっと。

前野　そういうのってやっぱり素敵ですよね。それがやっぱり一番いいですよねえ。

本多　は〜、一回、前野さんと共演してみたいなあ、がっつり！

伺ったお店……mother's RUIN
東京都世田谷区北沢 2-2-7 NFビル B1
☎ 03-3412-5318

石田剛太の正体
僕の正体?
そんなの言えませんわ〜
本《もと》秀《ひで》康《やす》
京都府立文化芸術会館――
ここだ。
数年前僕はヨーロッパ企画の舞台を観に京都を訪れた。
ワクワク
一カ月後の東京公演を待ちきれなかったのだ。
京都

××××××××
ド
××××××××
××××××××
石田くん最高だなあ。
終演後――
こんちは～
京都まで来てくれたんですか～
こんちは～
あ、本さん。
KICELL
ヨロッパ通信

今回の石田くん超面白いね。
笑ったよ。
へへへ
ウケましたか？
約束の金田一耕助のDVD、
あげる。
ワーイ
マジっすか？
本さん、ちょっとスイマセン……
スッ
石田、今日はウケたな。
キュッ
キュッ
お疲れさん。
？
ツキ
ツキ
天一行きましょうよ本さん。
諏訪さん。
いいね行こう。
天下一品
中華そば
本店がいっちゃんうまいんですよ。
ホントそう思うよ。
ズズー
また～
ありがとう。
東京公演も行くね。

帰りの新幹線の時間が……
あ。
石田くんにDVD――
渡すの忘れてた。
ウケたわ～ アンケートも褒められてたわ～
タタタタタ
イエーイ!!
くるくるくる～
ウケた日は帰り道もいい気分。
トントン…
ガシ
203
ISHIDA
グイッ
よっこいしょっと。
ヌ～～～ッ

京都公演
初日終了〜〜
ウーン
ドーン
お疲れ。
おかげで僕、めちゃウケたよ。
でしょでしょ!!
この調子で明日もウケてくれな。
まかしといて!!
ピョーン
石田くん、俺なしだとめちゃツマンないもんね。
それ言うなよー
見てはいけないものを——
見てしまった!!

本秀康　イラストレーター／漫画家。ヨーロッパ企画のアンオフィシャルパンフレット『ヨロッパ通信』の表紙イラストを創刊時から手掛ける。

石田剛太からひとこと

本さん、僕のマンガを書いてくださりありがとうございます。本当にうれしくて光栄で感動しています、という気持ちと、「どういうことですかこれは？」という気持ちが一緒になっています。矛盾するようなこの二つの気持ちが一緒にくることがあるんだな、と複雑な感情になっています。

『月とスイートスポット』という公演のときでしょうか。本さんは観終わって楽屋に来てくださったとき、僕に「おもしろかったよ」と言ってくださったのを覚えています。あのときの「おもしろかった」は、僕の出てる歯のことだったのでしょうか？　そして、歯さえ出てなければなかなか男前なのになあ、と思っていただいてるのでしょうか？これもまた複雑な気持ちになります。

いろんな感情になりましたが、僕の歯の妖精みたいなやつが、すごくかわいいやつだったのがなぜだかうれしかったのです。これはどういうわけかわかりませんが、僕の歯はかわいいんだな、とうれしく思いました。

とにかく何度も読んでしまいます。本当にありがとうございました！

土佐和成 ラジオのつぶやき

聞き手：永野宗典

ウェブラジオ「週刊！ヨーロッパ2」（通称「週ヨロ2」）のパーソナリティ・土佐和成が、悩みをポツリとつぶやきます。

土佐　前身の「週刊ヨーロッパ」の更新がかなり滞ってたときにいろいろ重なって、三年前に始まった「週ヨロ2」ですが……。

――三年間、全然更新滞ってないよね。

土佐　欠かさず毎週更新してますね。「週ヨロ2」は、ヨーロッパ企画の「今」がわかるっていうのを意識して。でも最近は、なにかプラスアルファしていきたいなと思ってるんです。

――そうなの？　僕は今の、すごくいいなと思ってるけど。

土佐　えっ、今までの感じを少しずつ縮小しようかと思ってました。石田くんも永野さんもラジオやってますけど、けっこうパーソナルな感じが出てるじゃないすか。でも「週ヨロ2」は、僕じゃなくて毎回変わるゲスト（主にメンバー）がメインでしょ。なんというか僕、自分の話するのが苦手なんですよ。

――僕も石田くんも、自分の話するの好きやから、つい一人で話してしまうだけよ。

土佐　僕もそれやってみたいなと思うんですけど、同時に、誰が僕の話聞きたいねんっていう気持ちもあって。

――その気持ちは僕もあるよ。

土佐　あと人のラジオとか勉強で聞いてると、自分は毎回同じパターンのしめ方してしまってるなぁとかすごい思いますね。

――落ち込むよね、自分の劣等感に悩んでしまう。でも土佐くんの何が悩むことあるの？　って思うよ。

土佐　もう、心配しだしたらきりがない。ラジオのことは永野さんと話したいなと思って聴き手をお願いしましたけど、予想通りこのページだけ暗い感じになってしまうという……。

――（笑）。そしたらえーっと、よかったこと教えてください。

土佐　「聴いてます」とか言ってくださることにつきますね。テレビとか映画出てるん見たよって言われるよりも、ラジオって距離が近く感じる気がして。

――わかる。というか、僕は土佐くんすごいと思ってるよ～。自分が話をまわしたり、人の話聴いてツッコミとかするのが苦手だから。

土佐　僕は、話をまわしたりはできるかもしれないですけど、自由に話すことができないというか。無い物ねだりかもしれないですね。

――そうやねぇ、でも土佐くんが一人で話したりする回もさ、あっても楽しいと思うよ。聴いてくれてる人にとっても。

土佐　なるほど、そっかぁ。いや、でもそういうふうに言ってもらえるとは思ってなかったな。でもやっぱり僕欲張りなんで、深く、できるだけ広くいきたいなぁと思います。いや、ほんまにそんなこと思ってんのかな……。

◉悩みのつきない「週ヨロ2」は、毎週土曜日に更新中！　ヨーロッパ企画のホームページ「スタジオ」コーナーをチェック！

黒木さんって何者ですか？

自主映画「硬派探偵」シリーズの監督であり、メンバーがよくその名を出してトークで爆笑していたり、頻繁に耳にする「黒木さん」こと黒木正浩さん。ヨーロッパ企画のメンバーながらも、ホームページには唯一顔写真が載っていないし、本公演にも出てないし……えーっと、いったい何をしてる人なんですか？　不思議に思った編集部は、西村直子さんに案内を乞い、黒木さんに会いにいくことにしました。

監督で、役者で、ドライバー。

――あのー、黒木さんは、いったい、何をしている人なんでしょうか？

黒木　うーん、映画作ったり、映像の手伝いしたり、お芝居もやってます。でもお芝居は、ほんと一年に一回あるかないかとか、仲いい人に誘ってもらったりとかね……自分から「この役やりたいです」っていうのはね、もう、そんなおこがましいですね、うち役者じゃないので。

――映画監督であり、映像も編集していて、役者でもあり……あと、ヨーロッパ企画のドライバーでもあるという噂を聞いたんですが。

黒木　うん、車がねえ、だいたい車運転するときは……そっか、うちばっかり呼ばれんのかなあ。

西村　黒木さん、ホステスさんを車で送る仕事してたんでしょ。

黒木　そう、過去にねえ。ホステスさんたちがお仕事終わったあと、もう電車がないので、夜の蝶たちをこう家の近くまで送ってね。

にっしゃんに嫌われてた二年間

――西村さんは、黒木さんのことをどういうふうに思ってるんですか？

西村　黒木さんはもう、友だち。私がヨーロッパ企画に入ったときには、先に黒木さんが入ってたんやけど、初舞台が一緒なんです。十一、二年ぐらい前、『インテル入ってない』っていう本公演のときかな。黒木さんが本公演に出たのは、この一回だけやけど。そのときケンカになったんですよね。

黒木　あのねえ、うち、二年くらいにっしゃん（西村さん）に嫌われてた時期があって。

西村　いやあのね、公演が終わった千秋楽の日、帰り道が二人だったんですよ。黒木さんの運転で私が助手席乗ってたら、黒木さんがなんかセクハラっぽい発言をし始めて。

黒木　なんかねえ、そうなんですよ。当時はにっしゃんが十九歳くらいで、うちが三十歳くらいかな。ヨーロッパ企画に関わる前は、大阪の吉本の芸人さんの近くにいたから、こう、なんですか、そういうノリが抜けてなくてね。で、その感じでいったら「あ、違うんだ！」と。いまはもうにっしゃんとは仲良いけどね。ていうかうち、にっしゃんに何回かうんこしてるとことか見られてんねん。

――えっ、なんで!?

西村　あのね、上田製菓のお手洗いに黒木さんが入ってたことに気がつかなくて、バッて開けたら、鍵かかってなくてね……。

黒木　ドアを開けたにっしゃんが「キャー」って言うんよ。いやキャーじゃねえよ、こっちがキャーだよ、ノックして！　とか言ってねえ。

理系を尊敬する社会派

――映画は元からお好きだったんですか？

黒木　好きっていっても、スパイダーマンとか、少林サッカーとか、アメリカの派手な商業映画とかですよ。うちが撮る映画もそんなんです。

西村　でも黒木さん、ジャンプ的な要素もすごいあるでしょ。

黒木　あー、それはねぇ、たぶんもう永遠に付きまとうことになると思う。車田正美が好きなんですよね。八十年代の黄金期と言われてたジャンプがもう、本当に大好きで。思春期のとき、もう必死になって生きてたからね。

西村　でも科学者への憧れみたいのもあるでしょ？

黒木　あるよ、めちゃくちゃある。もう理系学部の子を尊敬してるから。上田くんたちに、『理系白書』とかね、理系の本を紹介してもらって読んで、理系すごいなと。この人たちがいなきゃ何にもならんと。でもだいたいお金儲けとかするのは、ケンブリッチ大学の饒舌《じょうぜつ》な言葉巧みな人たちやん。理系の人たちを利用して、特許だのなんだの持っていっちゃってるやん。それにもう、腸《はらわた》が煮えくり返る思いで。一時、文系をすごい憎んだよね。文系ってか官僚たちを。文系社会にしてる日本のそのシステムを。今でもそれはありますよ。

西村　今はメディアに怒ってるんですよね。

黒木　怒ってますよ。メディアね。ニュース見ればだいたい怒っちゃうっていうか。

――社会派な面もあるんですね。

西村　愛読書は何でしたっけ？

黒木　愛読書？　ニュートン。

これだけは言いたいこと

西村　でもね黒木さんは、ムードメーカーですよ。盛り上がるもん、いてくれたら。

――これだけは載せといてくれ、っていうのはありますか？

黒木　ないない。ないですよ、これだけは載せといてくれなんて。そんな、けっこうね、映画とかお芝居とかで自分が言いたいこととかは言えてるから別に……いや。あのね、あらゆる先人たちに敬意を持っといてほしいなっていう。名もなき先人たちね。たとえば、玉ねぎ作った人とか。あの人たちがいなかったらね、玉ねぎなかったわけですからね。あと、はさみね。はさみ作った人とか誰って言われてもわからんけど、でもすごいこの人のおかげで……（終）

（歳）	
18	高校三年生で中退……竹やぶ伝説
20	全日本プロレスの追っかけをする
22	ディスコキングになる
	不動産で働く（空き地を見つめるだけ）
25	NSC（吉本興業の養成所）に入る
26	「チーム123」という名のユニットを組む
30	ヨーロッパ企画に入る
	百貨店で働き、婦人服売り場の接客で賞をもらう
44	現在

愛してやまないシネマ

中川晴樹

ページをいただけるということならば、僕が愛してやまないシネマ、その中でもとくに贔屓《ひいき》にしているヤクザ映画について語らせていただきたい。初心者向けとしまして、誰もが知ってる日本ヤクザ映画の金字塔『仁義なき戦い』をまず観よ。こちらは、今は亡き深作欣二《きんじ》監督の実録ヤクザものでして、それまでの高倉健さんがやってた着流し＋ダンビラという古いタイプの任侠《にんきょう》映画ではなく、まさにその当時の現実のヤクザさんたちや抗争事件をモデルにした作品になっています。だから、実在の人物からクレームもくるし、ヤバすぎる人に対しては控えめに書かれていたり、脚本家は殺されることを覚悟して書いたと言われているほどの新鮮なネタがふんだんに盛り込まれた映画となっているのです。

俳優たちも、大部屋と呼ばれていた若手たちがここぞとばかりに生き生きと躍動し、スター俳優たちを食うつもりで挑んだそうで、実際この作品から頭角を現していった方もたくさんいらっしゃいます。食わず嫌いせずに、一度観ていただきたい。そして続けて『県警対組織暴力』や『暴動島根刑務所』といった、さらにディープな世界に足を踏み入れていただきたい！

というわけで、『仁義なき戦い』のリメイクが決定、僕にキャスティング権があるので、ヨーロッパ企画メンバーをキャスティングする、という夢の企画を唐突ですが始めまーす。

主役の広能昌三（菅原文太）は、

消去法で僕です。僕以外いないなと思っています。「タマはまだ残っとるがよう」はぜひ言いたいセリフです。広島の大親分、山守義雄（金子信雄）は、大親分のくせに、小物感のあるキャラクターなんですが、この難しい役はやはり永野さんでしょう。物理的に小さいですし。

山守の腰巾着、槇原政吉（田中邦衛）は石田くんかな。顔に特徴がある濃いキャラ。伝説のヒットマン・山中正治（北大路欣也）は、ぜひ酒井くんにやってもらいたい。予科練の歌を口ずさみながらの殺人シーンみたいな、狂ったシーンが彼には似合う。江田省一（山城新伍）は愛すべきキャラクターで、女のケツばっか追いかけていると言われているんですが、これはやはり諏訪さんでしょう。女のケツを追っかけてもらいましょう。

岩井信一（梅宮辰夫）は、角田くんですかねー。岩井といえば、眉毛無しの強面《こわもて》。角田くんは、みんなあんま指摘しないけど、よく見たら顔こわいですし、役者仕事より絵を描く仕事が多いから、眉毛を剃ってもあんま影響なさそう。

西条勝治（川谷拓三）は土佐くんでしょう。ダメな男が似合うし、彼はああいう役柄好きだと思うんだ。そんな西条の情婦・富江（池玲子）は西村さんにお願いしたい。もちろん脱ぎアリです。

日本ヤクザ映画史上最悪のキャラクターとの呼び声の高い大友勝利は、正直僕がやりたいくらいです。「あれらはオメコの汁で飯食うとるんで」という大友の有名すぎるセリフは、普段から道行くカップルに言ったりしてますから、心の中で。ですが、ここは本多くんに譲りました。大友はヤクザの組長である実の父親に勘当されてるほどの悪党なんですが、本多くんもよくお母さんと口喧嘩してますから、やれると思います。なにしろ僕は両親と仲良すぎるんで。

という感じなんですが、これでリメイクいかがでしょうか、東映さん。

酒井善史の発明

「発明」それは、それまでこの世に存在しなかったモノや方法を生み出すこと。エジソン先生の「白熱電球」は「発明」の代名詞ともなっていますが、その電球を寝た体勢のまま消すために電気の紐を最初に伸ばそうとしたのも「発明」だし、薄型テレビの上に巨大な将棋の駒を置けるようにすることだって「発明」なんです。それまで、誰もそれをやらなかった、作らなかったんですから。それが有意義か、無駄かは関係なくて、ないモノを作ったら、それは全部「発明」です。

　ここでは、これまで酒井が作ってきたそんな発明品たちを紹介します。発明のハードルをけっこう下げてご覧いただければ幸いです。

薄型テレビに王将を乗せる発明

酒井の記念すべき発明第一号。東京でのイベント「企画ナイト2」にて発表しました。文筆家のせきしろさんからの依頼で、かつてテレビがブラウン管だった時代の「テレビの上に何かを置く文化」を復活させるため、その象徴とも言える「巨大な将棋の駒」を液晶テレビの上に置くための発明品です。

第一号ゆえに、タイトルもそのままの印象。現行のものは二代目で、ただ王将を乗せるだけではなく、「ばねでゆれる」「裏も見えるように回転する」などの機能が追加されています。

リモコンのラジコン

現在未発表の新作発明品。こちらもせきしろさんからの依頼。

ふとしたことでよく見当たらなくなってしまうテレビのリモコン。見たい番組が始まる直前にこうなってしまうと、もうなす術はありません。そんなときに、リモコンの位置を知らせ、そこから遠隔操作で手元までリモコンを運べるとしたらどうでしょう。

テレビのリモコンを車上に載せたラジコンを、ラジコンのリモコンで操作！　ＬＥＤライトの点灯と、ブザーを鳴らして位置を特定、そこから操縦して手元まで運びます。アタッチメントを装着してタイプを変えることで、様々な地形やシチュエーションにも対応できます。

ランドタイプ

散らかっている部屋、部屋の段差などの悪路も、キャタピラの力で簡単に乗り越えてリモコンを運ぶ。

マリンタイプ

お風呂用テレビなども普及し始めている昨今、大浴場やプールなどにも対応。フロートの力で水に浮いて、スクリューで進み、リモコンを運ぶ。

カタパルトタイプ

あと数秒で始まる番組を録画したい。親が急に帰ってきてすぐにテレビを消したいなど、緊急を要する場合、こちらのアタッチメントを作動させると、バネの力でリモコンを跳ね上げ、空中を飛ばして瞬時にリモコンを運ぶ。　※ランドタイプ・マリンタイプとの併用も可能。

ハリウッドボイス養成ギブス

—

ヨーロッパ企画カウントダウン2015→2016 in KBSホール〜劇団ハイタウン新春興行「中川晴樹のボイストレーニング大作戦!」〜にて発表した、二〇一五年最後の発明品。中川さんのか細い歌声を太くするために開発された、ボイストレーニング補助マシン。頭を通し、肩パッド部を肩に乗せる状態で装着。両手は後ろ手に手錠で固定。

■背筋に通った一本の棒で、理想的な姿勢を保持できる。

■顔の前のハンドルを回すと、指二本分ほどの円柱がせり出し、口の中に入る。これを噛まないように口を開くことで、発声に適した口の開け方になる。

■体の左前に水筒やコップを入れるホルダー、右上方にははちみつホルダーがあり、のどをケアしながら、ボイストレーニングに打ち込むことが可能。

■胸部前方にあるメカ部分のスイッチを入れると、連続して腹部に打撃を与えることができ、常に腹式を意識しながら　発声ができる。

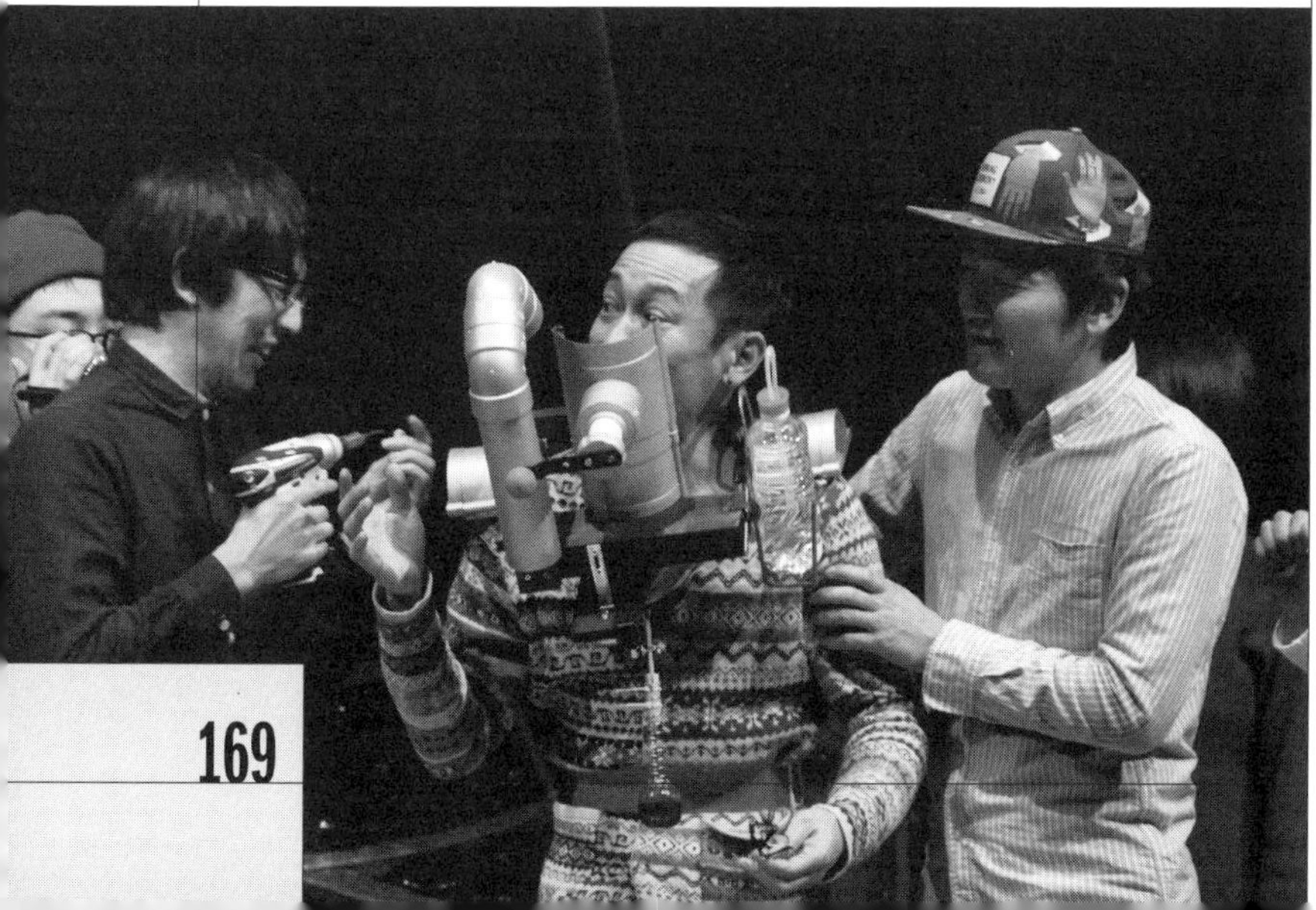

ヨーロッパ企画作品解説 その3・その他

諏訪雅

作品解説もいよいよ「その3」になってまいりました。その1の「本公演」、その2の「映像作品」に続き、その3はなんと「その他」！いやいや侮るなかれですよ「その他」を。「その他」のその他力を！　劇でもなんでも主役を食うのはその他大勢ですからね。それではまず、本公演以外の舞台作品から紹介させてもらいましょう。

ヨーロッパ企画には上田以外にも作家がいまして、そのひとりが大歳倫弘です。彼がやっているユニット「イエティ」では、毎回これを劇の題材にしていったい誰が得するんだろう？　というようなものを、いや逆に損しそうなものを、劇にします。**『さらば、ゴールドマウンテン』**（二〇一三年）ではインフレを扱った劇、**『ブラッド&バター』**（二〇一二年）ではパンの歴史の劇、**『ドンキーヤング』**（二〇一一年）ではヤンキーがヴィレッジヴァンガードでサブカルと出会う劇なんかを上演しました。

役者の永野くんが作・演出している「永野宗典不条理劇場」では文字通り不条理劇を上演します。**『劇野郎が来る!』**（二〇一二年）では不条理すぎて役者がラストにしか出て来ず、ほぼ人形劇でした。永野くんが「次回は影絵だ」と言って以来「永野宗典不条理劇場」は公演をやらなくなりました。ただ、もしかしたら今も不条理劇を上演している最中という可能性もなくはないです。

わたくし諏訪もシアターガイド

『夢！鴨川歌合戦』

という演劇誌の連載企画でミュージカル**『夢！鴨川歌合戦』**（二〇一四年）を作・演出させてもらいました。貧乏な劇団員が家庭でもバイトでも劇団でもうまくいかなくて、鴨川になぐさめてもらうという話でした。主演を劇団イチ音痴な本多くんに演じてもらったり、角田さんには絵描き歌やフリースタイルラップ的なことをしてもらったり、黒木さんにはヌンチャクを使ったダンスを踊ってもらいました。

黒木さんも劇を作ります。黒木さんは自分の自主映画を自分で舞台化するという、ひとりメディアミックスをよくします。ラジオドラマ作品**『ようこそ！龍虎町へ』**（二〇一一年）では、世界観が広がりすぎて、その登場人物の一人

『さらば、ゴールドマウンテン』

を主人公にした自主映画『**硬派探偵**』（二〇一三年）が生まれシリーズ三作まで続き、さらにそれを舞台化した『**舞台版 硬派探偵**』（二〇一六年）を上演し、硬派探偵の相棒役の刑事をメインにした祇園のウェブCM（二〇一二年）を撮り、さらにその硬派探偵の相棒役の刑事が連れている警察犬っぽい刑事をメインにした祇園のウェブCM第二弾（二〇一三年）を撮り、元のラジオドラマ作品『**ようこそ！龍虎町へ**』をボードゲーム（二〇一二年）にしたりCDブック（二〇一五年）にしたり、とにかく手を替え品を替え、とことん擦ります。

　と、メンバーそれぞれが作り出す舞台もあれば、そういうのをいっしょくたに味わえるイベントもあります。

『硬派探偵』

「**ハイタウン**」（二〇一二年〜二〇一六年）というイベントでは、一年に一回、ゴールデンウィークに京都の木屋町にある元・立誠小学校を借り切って、京都や東京などヨーロッパ企画まわりの二十組五十人以上の劇団や俳優劇作家に参加してもらい、コメディのフェスみたいなことをやらせてもらってます。「ハイタウン２０１６」ではきたまりさんの『相撲コメディ』や上田の『メビウスコメディ』といった名作がうまれました。

　もう毎年恒例と言っていいでしょう、十年以上連続で年末の**カウントダウンイベント**もやっています。このカウントダウンイベントも、最近ではハイタウン関係者を誘った劇団ハイタウン新春興行

ハイタウン 2016

として、出演者が三十人に及ぶ一回限りの劇を上演するようになりました。二〇一六年は中川晴樹が作った**『恋する極道』**(二〇一五年)という映画の、ミュージカル部分の歌声の細さをテーマに**『中川晴樹のボイストレーニング大作戦!』**を上演、二〇一五年は石田くんが持っているマトリョーシカを総勢五十人でヨイショする**『石田剛太のマトリョーシカ大作戦!』**を上演しました。

字数も残りわずかとなってまいりましたが、ここまで紹介した「その他の作品」は、実はどれも舞台作品でして正直いま「どうしよ! バランス間違えたあ!」って思ってます。残りの字数でどこまで紹介できるか。

最近、若者に「ヨーロッパ企画

『中川晴樹のボイストレーニング大作戦』

って知ってる?」って質問すると、回答数一位が「ゲーム実況動画で見たことある」です。というのも僕ら実写ムービーを使ったゲーム「ゲームムービー」を作るんですが、なかでも選択肢を選んでムービーが進んでいく**『偶然にも最悪な永野』**(二〇一一年)、ボケてる箇所をクリックしてツッコむゲーム**『ツッコマニア』**(二〇一一年)は人気シリーズで、iPhoneアプリにもなり、人気のゲーム実況動画で紹介してくださり、ネット動画を見る世代に広まりました。

「カフェ・ド・念力」という三カ月期間限定のカフェバーを開き連夜イベントしたり(二〇〇九年)、そのなかで**『石田花博』**と称し、石田の部屋にある観葉植物を紹介するイベントをしたり、MSXバンドを結成して**『めだかの学校のつづき』**(二〇〇八年)でCDデビューをしたり、近所の神社のお祭りで**「ヌンチャクボール」**(二〇一五年)という遊技屋台を出店したり、ご飯をテーマにしたアート作品を展示する「ご飯展」では酒井が**『ランダムふりかけロボ 自由にかけるくん』**を作ったり、ああ、もうそろそろ終わりかな。

続きはまたいつか出るであろう「この本2」で! ああ! でもその頃にはまたヨーロッパ企画の作品も増えてんなあ。

これはもういたちごっこになるだけなんでね、次は思い切って作品解説のみで一冊いくってのはどうでしょうか? ミシマさん。

『ツッコマニア』

おわりに

いやあ楽しかったですミシマ社さんと本を作るのは。ちゃぶ台を囲んだ構成会議から始まり、非常にざっくりと決まった指針をもとに原稿を各自ぽろぽろと書いては持ち寄り、それがまた新たな構成案や原稿依頼を呼び、あるアイデアは膨らみあるアイデアは自然に立ち消え、足りないところを補完するようにまた誰かが書き足し……という寄せ書きのようなプロセスを経てできあがったのがこの本です。

こんなに行き当たりばったりというか生成的に、本って作っていいんですね、というような話を、中盤戦ぐらいのタイミングで三島さんと喫茶チロルでしたときに、「やっぱり作ってるうちにどんどん変わっていきますからね。それは取り入れたほうが絶対にいい。反射神経が大事なんですよ」というようなことを言われ、「そう、反射神経ですよね！」と改めてヒザを打ったんでした。

反射神経だと思うんです何ごとも。もちろん最初の地図は大事なんですけど、そこから外れる反射神経がモノを言うぞと。僕らでいうと『暗い旅』のロケ中に思わぬハプニングが起こったとき、本筋はいいからむしろそっちを追いかけよう、って判断するのは反射神経だし、劇を作るとき、ストーリーを決めずに稽古場に向かい、エチュードの盛り上がりをみて休憩あけまでに次のストーリーをひねり出すのも反射神経です。連続ドラマで先の展開を決めずに一話を書き始めるのも、そして劇団をするのも。地図のないところへ踏み出すのはドキドキするけど、まあ命までは取られないし、そうしたほうが伸び足が必ずいいんですよね。

そんなふうに畑は違えどシンパシーをびしびし感じつつの本づくりとなりました、エキサイティングな体験をどうもありがとうございました。そしてこの「おわりに」も土壇場に言い渡されて書いてます。「印刷が始まるその瞬間まで何が起こるかわからない、それが出版の面白さだ」というのは三島さんの至言で、だからこの「おわりに」でまだ終わりじゃないかも、とさえ思ってます。

上田誠

写真協力

清水俊洋（p.58-62）
原田直樹（p.59）

初出

「演劇と氷山」
（「みんなのミシマガジン」
にて2016年4月〜7月連載）

ヨーロッパ企画

京都を拠点に活動している劇団であり、企画集団。旗揚げは1998年。一貫してコメディを上演し続けている。舞台のほかにも映像やイベント、その他活動は多岐にわたる。表方と裏方がシームレスで、けっこう何でも作ってしまうのが特徴。

編：ミシマ社

「原点回帰の出版社」として、2006年10月に創業。現在メンバーは10名。東京・自由が丘、京都府京都市の二拠点で、「一冊入魂」の出版活動を展開中。2016年、創刊した雑誌『ちゃぶ台』では「台割をつくらない雑誌づくり」に挑んだ。

ヨーロッパ企画の本

我々、こういうものです。

2016年9月28日　初版第1刷発行

ミシマ社編

発行者　三島邦弘
発行所　（株）ミシマ社
　　　　152-0035 東京都目黒区自由が丘 2-6-13
TEL　03-3724-5616
FAX　03-3724-5618
e-mail　hatena@mishimasha.com
URL　http://www.mishimasha.com/
振替　00160-1-372976
制作　（株）ミシマ社 京都オフィス

装丁・本文レイアウト　町田宗弘（NSSG）
組版　オオノアイコ
印刷・製本　株式会社シナノ

ISBN：978-4-903908-83-0